# KGB-DGSE

*Deux espions face à face*

SERGUEÏ JIRNOV ET FRANÇOIS WAROUX

# KGB-DGSE

## *Deux espions face à face*

Entretiens avec Martin Leprince

MAREUIL
ÉDITIONS

ISBN : 978-2372541916

Pour vous tenir informé des prochaines publications de Mareuil Éditions, rendez-vous sur : www.mareuil-editions.com

# Sommaire

# Préface

Éric Denécé
Directeur du Centre français de recherche
sur le renseignement (CF2R)

La guerre secrète entre l'Est et l'Ouest a été la principale modalité d'affrontement au cours de la guerre froide, en sorte que celle-ci fut l'âge d'or du renseignement. De la fin de la Seconde Guerre mondiale à celle des années 1980, les services spéciaux des deux camps jouèrent un rôle central dans la rivalité stratégique entre les deux blocs. Ils connurent un développement significatif de leurs effectifs, de leurs moyens et de leur influence auprès des dirigeants politiques de leur État d'appartenance.

C'est évidemment le cas en Union soviétique, où le KGB fut l'outil par excellence d'information et de surveillance du pouvoir communiste, mais aussi l'instrument de la lutte contre les ennemis de la « révolution prolétarienne » et, avec le Komintern, son principal vecteur d'exportation. Cela a été aussi le cas aux États-Unis et, à un degré moindre, au Royaume-Uni. C'est en revanche moins vrai en France, où le renseignement a toujours été perçu comme un art mineur et a longtemps souffert du désintérêt, voire du mépris, des autorités politiques comme des élites intellectuelles. Cette situation déplorable a cependant quelque peu évolué depuis les attentats islamistes ayant eu lieu sur notre sol, qui ont fait prendre conscience de l'utilité du renseignement.

Dès lors, il est délicat de comparer le puissant KGB — qui incarnait quasiment à lui seul « la » communauté soviétique du renseignement — et le petit SDECE — auquel succède la DGSE à partir de 1982. C'est un peu comme comparer David et Goliath, mais, en l'espèce, un David français malingre et mal aimé qui ne l'emporte pas, en dépit de son astuce, face à un Goliath soviétique surpuissant.

Mais en dépit de ce déséquilibre considérable des forces dans le domaine du renseignement et — facteur essentiel — des conditions favorables dont ont bénéficié les services de Moscou pendant la guerre froide — succès de l'idéologie communiste, présence de partis frères dans tous les pays cibles, etc. —, le régime soviétique s'est effondré au début des années 1990, bien que le KGB ait gagné la bataille du renseignement. Cela illustre le fait que le renseignement à lui seul ne permet pas de gagner les guerres, surtout lorsqu'il est au service d'une idéologie totalitaire.

Les opérations clandestines de la guerre froide étant toujours couvertes par le secret, en Russie comme en Occident, et les débats sur les leçons de ce conflit n'ayant eu lieu que dans des cercles clos et restreints, peu d'informations ont filtré sur les enseignements tirés de cette période. C'est pour cela que le dialogue que nous proposent, dans *KGB-DGSE. Deux espions face à face*, les Éditions Mareuil est du plus grand intérêt. Trois décennies après la fin de la guerre froide, comment les anciens acteurs de la guerre secrète évaluent-ils le rôle qui a été le leur dans ce conflit ?

D'abord, il est essentiel de rappeler que c'est la première fois qu'est publié un livre d'échanges entre des anciens membres de ces deux services. Si quelques publications en langue anglaise ont réuni les contributions croisées d'anciens représentants de la CIA et du KGB, un échange direct et public entre des ex-membres des services français et soviétique n'avait encore jamais eu lieu.

Certes, le Centre français de recherche sur le renseignement (CF2R) a organisé, en 2008, une rencontre publique[1] réunissant le préfet Pautrat — éphémère directeur de la DST —, Pete Tennent Bagley — ancien membre de la division du contre-espionnage de la CIA —, Igor Prelin — ancien colonel de la Première direction générale du KGB qui fut l'instructeur de Vladimir Poutine et de Sergueï Jirnov à l'Institut Andropov —, et Constantin Melnik — l'ancien coordonnateur du renseignement du général de Gaulle pendant la guerre d'Algérie —, mais aucun texte, aucun ouvrage sur ce thème n'avait été publié jusqu'alors.

Ensuite, il est particulièrement intéressant de recueillir le témoignage de deux anciens opérateurs de la recherche clandestine, car cela permet au lecteur de plonger au cœur des réalités opérationnelles de ce que fut l'espionnage au cours du conflit Est-Ouest. En effet, en France, le plus souvent, les témoignages sur le renseignement sont le fait d'anciens dirigeants de service ou de membres du service Action, plus rarement d'officiers traitants.

François Waroux et Sergueï Jirnov ont vingt ans d'écart. Les moyens des services auxquels ils ont appartenu, les missions qui leur ont été confiées comme les régions dans lesquelles ils ont opéré sont quelque peu différents et modifient nécessairement leur perception du métier, ne serait-ce que marginalement.

---

1. *La guerre froide est-elle vraiment finie ?*, colloque organisé par le Centre français de recherche sur le renseignement (CF2R) en partenariat avec les Éditions Ellipses, Paris, 15 mai 2008.

Après un début de carrière militaire, François Waroux a été officier traitant (OT) du SDECE puis de la DGSE, de 1977 à 1995. Il a successivement opéré aux États-Unis — pour rechercher du renseignement industriel, en Éthiopie et au Pakistan, où il a été chef de poste. Sergueï Jirnov a été officier du KGB de 1984 à 1992 et a appartenu à la célèbre et redoutée Direction « S » chargée d'infiltrer et de gérer des illégaux à l'étranger. Il a, à ce titre, principalement opéré en France afin de pénétrer les cercles de décision. Les expériences des deux hommes ne sont donc pas directement comparables, mais leurs visions respectives du métier, de ses pratiques et de ses contraintes, convergent comme l'illustrent les pages qui suivent.

Martin Leprince, qui a organisé leur rencontre, a structuré les échanges autour de huit thèmes qui permettent de faire un tour d'horizon assez complet du métier, d'aborder des aspects essentiels de la vie des protagonistes et de mieux faire comprendre le monde du renseignement au lecteur : Pourquoi des espions ? — Recrutements et formations — La réalité de la fonction — Les techniques — Les faux mythes — La foi en son système — Les hommes derrière les espions — Le monde a-t-il encore besoin d'espions ? L'ouvrage permet ainsi d'observer à la fois des similitudes et des différences entre les deux services et les deux pays.

Démystifiant de nombreuses idées reçues sur le monde du renseignement, au fil du présent ouvrage François Waroux et Sergueï Jirnov lèvent le voile sur bien des aspects de la vie quotidienne d'un officier traitant, les réflexions que lui inspirent son rôle, son utilité, son éthique professionnelle et aussi ses limites… *KGB-DGSE. Deux espions face à face* rend le renseignement plus réaliste et accessible, mais aussi plus humain, en mettant en lumière les travers et les petitesses de ce monde méconnu, comme l'on en trouve dans toutes les organisations humaines.

Sa lecture séduira les néophytes comme les professionnels, les chercheurs comme les politiques. Il offre une description sans concession des acteurs, de leurs pratiques et de leur influence sur les événements.

# Prologue

L'un est un ancien espion soviétique du KGB, l'autre travaillait pour le renseignement extérieur français. Le premier servait à l'Est, le second officiait à l'Ouest. L'un et l'autre ont exercé une profession qui consiste à manipuler des individus afin qu'ils trahissent leur pays en révélant des informations ou en transmettant des documents confidentiels. Dans cette optique, ils sont passés maîtres dans l'art d'orienter les esprits, de dissimuler et de tricher par quelque moyen que ce soit. Au nom de la raison d'État, ils ont obtenu le droit de faire chanter leurs cibles, de voler ou de commettre n'importe quel délit nécessaire à la réussite de leur mission. Du temps de la guerre froide, ils étaient au service de pays de deux camps opposés qui s'affrontaient pour étendre leur sphère d'influence. Le monde était alors divisé entre le bloc communiste et le bloc capitaliste. L'URSS incarnait le premier, la France était l'alliée capricieuse des États-Unis, le leader du second. Ils exerçaient le même métier, mais les services de renseignement auxquels ils appartenaient n'étaient pas tout à fait analogues. L'URSS était fondée sur un système idéologique dont l'objectif était la conquête mondiale ; la France, elle, n'avait pas une telle ambition. Leurs services respectifs ne possédaient donc ni la même vocation ni la même dimension opérationnelle. L'Union soviétique était dirigée par un pouvoir autocratique, avec une concentration des moyens en matière de renseignement sans commune mesure avec l'Hexagone. Grâce au contrôle qu'exerçaient les services soviétiques sur l'ensemble de la population, n'importe quel citoyen était susceptible d'être embrigadé par le KGB comme agent ou indic. En France, les libertés démocratiques propres à un État de droit ne permettaient évidemment pas une telle mainmise. La différence ne s'arrêtait pas là. Le KGB utilisait ses activités d'espionnage à l'étranger comme pierre angulaire de sa lutte idéologique, tandis que la France se concentrait essentiellement sur le renseignement économique, n'utilisant le renseignement politique que pour maintenir sa place dans le jeu diplomatique sans chercher pour autant à bouleverser la marche du monde.

Entré au KGB en 1984, Sergueï Jirnov est devenu officier supérieur au sein de la célèbre direction des « Illégaux ». Dans le cadre de ses missions, il a été envoyé comme clandestin en France, où il a notamment intégré l'ENA. Après des années de loyaux services, en 1999 il a poursuivi en justice le service russe de renseignement pour avoir refusé de lui remettre son diplôme de l'Institut Andropov, où il avait été formé comme espion. Poursuivi dans son pays pour « divulgation de secret d'État », il a trouvé en 2001 asile en France, où il exerce depuis une activité de consultant. François Waroux, lui, a été officier traitant à la DGSE durant deux décennies, entre 1977 et 1995. Spécialiste du renseignement industriel, Il a effectué des opérations ponctuelles à l'étranger ainsi que des missions de longue durée sous couverture diplomatique en Éthiopie et au Pakistan. Après son départ à la retraite, il est devenu maire d'un petit village de Dordogne, sans que ni son entourage ni ses administrés ne sachent quoi que ce soit de son passé professionnel. En 2017, il a enfin levé le voile sur sa carrière dans les services spéciaux en publiant ses mémoires sous un titre évocateur : *James Bond n'existe pas*[1].

1. Mareuil Éditions.

Nés respectivement en 1941 et 1961, François Waroux et Sergueï Jirnov ont en effet vingt ans d'écart. Une différence d'âge qui ne les a pas empêchés d'œuvrer dans les services spéciaux au cours d'une période commune. Si le hasard des affectations ne les a pas amenés à se croiser à l'époque, leur rencontre s'est produite quelques décennies plus tard lors d'une invitation sur le plateau de télévision de l'émission « Ça commence aujourd'hui », dont le thème était : « Secrets et mensonges : dans l'intimité des espions ». Ce programme de France 2 a été enregistré en mai 2020, pour une diffusion le 10 juin suivant. En cette circonstance, une complicité spontanée s'est créée lors de leurs échanges. Le dialogue devait se prolonger, l'idée d'un livre à deux voix s'est imposée d'elle-même. Sergueï Jirnov et François Waroux comptent parmi les rares anciens espions à s'exprimer publiquement sur leurs activités passées. Non seulement ils s'octroient une liberté quasi inédite pour dévoiler la réalité de cet univers de l'ombre, mais ils font aussi preuve d'une grande lucidité sur la raison d'être des services auxquels ils ont appartenu. C'est la première fois qu'un dialogue s'établit ainsi entre un ancien du KGB et un ancien de la DGSE. Un dialogue d'autant plus passionnant que tous deux ont accepté de confronter sans tabous leurs expériences, leurs analyses et les méthodes utilisées par leurs pays respectifs. Ils révèlent les secrets du travail sous couverture, les techniques de surveillance, les manipulations, mais aussi les angoisses quotidiennes et les cas de conscience qu'impliquent de telles professions. Loin des clichés des films hollywoodiens, ce livre lève le voile sur la réalité des services de renseignement, brisant un à un les mythes en la matière pour leur substituer une face cachée bien plus complexe. De la guerre froide à la guerre technologique, en passant par les nouvelles menaces qui frappent le monde, ces deux grands témoins n'éludent aucun sujet.

# 1. Pourquoi des espions ?

*Lorsque vous étiez en activité, quelle était la principale raison d'être des services auxquels vous apparteniez ?*

François Waroux (F. W.) : La DGSE[1] répondait à une volonté du pouvoir politique français de disposer d'un service de renseignement extérieur. L'ancêtre de la DGSE, le SDECE[2], a été créé en 1945, juste après la Seconde Guerre mondiale. Le service a d'abord été en grande partie mobilisé sur les mouvements indépendantistes des anciennes colonies, puis s'est retrouvé aux avant-postes dans la lutte contre les pays communistes lors de la guerre froide. Le SDECE, puis la DGSE, disposait d'hommes un peu partout en Europe de l'Est mais aussi dans le reste du monde. Le service s'appuyait sur ses officiers sous couverture diplomatique mais aussi sur un très large réseau d'informateurs qui lui permettait d'obtenir du renseignement dans tous les domaines. Le champ d'application de notre service était limité à l'étranger, nous ne devions pas opérer sur le territoire national. Les gens qui connaissent mon ancienne profession me posent souvent des questions sur les personnalités politiques françaises de l'époque, en pensant que j'ai eu accès à des informations secrètes les concernant. Je leur réponds toujours que je n'en sais rien car mon action était exclusivement tournée

1. Direction générale de la sécurité extérieure.
2. Service de documentation extérieure et de contre-espionnage.

vers l'extérieur. La majorité de mes missions avaient pour objet le renseignement économique et industriel. Dans ces domaines, tous les pays sont en compétition les uns avec les autres. Notre principal objectif était donc d'aller chercher ce qu'il y avait de mieux dans les pays étrangers afin d'en faire profiter notre économie nationale. Nous devions infiltrer les structures qui menaient des recherches : les entreprises, les laboratoires ou certains services étatiques. Nous devions obtenir par quelque moyen que ce soit les informations qui intéressaient notre gouvernement. Pour dire les choses clairement : il s'agissait de voler des techniques et des savoir-faire qui permettraient à nos ingénieurs de remporter la course à la technologie, notamment dans le secteur de l'armement. Un exemple parmi d'autres : si nous n'avions pas dérobé à l'un de nos principaux alliés européens le meilleur processus pour faire sortir les obus d'un canon, notre industrie militaire n'aurait sans doute pas été aussi florissante. En s'emparant du savoir-faire industriel des autres, nous avons aussi pu augmenter nos performances dans la fabrication des hélicoptères. Pour atteindre l'excellence et conquérir des marchés, il n'y a pas de distinction entre les pays alliés ou ennemis : tous les États sont ciblés par les services de renseignement.

Sergueï Jirnov (S.J.) : C'est un peu différent de mon côté car les services russes existent depuis bien plus longtemps que leurs homologues français. Sous le régime tsariste, la Russie disposait — comme la plupart des pays — d'un service de renseignement militaire mais aussi d'une police politique : l'Okhrana[1]. Créée à la fin du XIXe siècle pour lutter contre les groupes révolutionnaires, cette structure a très vite utilisé des méthodes qui feront école par la suite. À l'époque, les attaques contre le régime tsariste se faisaient

1. Otdeleniye po okhraneniou obchtchestvennoï bezopasnosti i poryadka (Section de préservation de la sécurité et de l'ordre publics).

de plus en plus nombreuses, un attentat à la bombe ayant même tué l'empereur de Russie Alexandre II en 1881. Pour y mettre fin, l'Okhrana a infiltré les mouvements terroristes et a utilisé de nombreux agents doubles. On estime que plusieurs milliers de militants révolutionnaires auraient travaillé pour cette police politique secrète, aussi bien au sein de la mouvance bolchevique qu'au cœur de la mouvance anarchiste. C'est cette entité qui a inventé le concept d'antennes à l'étranger ; la première d'entre elles a été établie à Paris sous la couverture de l'ambassade de Russie. Son but n'était alors pas d'espionner les Français mais de surveiller les opposants russes qui s'étaient réfugiés dans l'Hexagone. Toute notre culture du renseignement vient de là. Après la prise de pouvoir des bolcheviks en 1917, le nouveau régime créa la Tchéka, une nouvelle police politique chargée de lutter contre les Russes blancs, puis contre tous ceux considérés comme des « ennemis du socialisme », à travers la répression directe mais aussi par des activités de renseignement extérieur et intérieur. Détail cocasse : avant la révolution de 1917, les bolcheviks contestaient le bien-fondé d'un tel service de surveillance, au point qu'ils avaient inscrit dans leur programme qu'ils aboliraient toutes les polices secrètes s'ils arrivaient au pouvoir. Le moins que l'on puisse dire, c'est qu'ils n'ont pas tenu leur engagement… La Tchéka, qui se révéla bien pire que la police politique du tsar, bénéficiait d'un système extrajudiciaire qui lui permettait de lutter contre les opposants sans avoir de comptes à rendre à quiconque et sans aucun cadre juridique. Elle a perfectionné le concept de terrorisme d'État et de la répression de classes, inventé par la Révolution française, selon lequel la simple appartenance sociale suffisait pour déclarer une personne « ennemi du peuple », sans autre forme de procès, et le lui faire payer, souvent de sa vie. C'est ce service qui a institué les camps de concentration soviétiques et les bases d'une police politique toute-puissante, avant même la Gestapo chez les nazis. La Tchéka fut, par la suite, progressivement intégrée au sein d'autres organismes d'État aux sigles imprononçables, notamment le GPU[1] puis le NKVD[2], qui englobaient tous les services de police et de renseignement. Leur raison d'être était de contrôler l'ensemble de la population soviétique pour maintenir l'autorité du régime. C'est sur ces structures que Staline s'appuyait dans les années 1930 pour organiser ses grandes purges, et ce sont elles qui avaient en charge la gestion des camps de prisonniers pendant le second conflit mondial. Au début de la guerre froide, juste avant sa mort en 1953, Staline a voulu procéder à une nouvelle transformation en créant le KGB[3], qui regroupait les services de renseignement intérieurs et extérieurs ainsi que les activités de lutte contre les opposants ou la surveillance des frontières. Cette structure a existé jusqu'à l'automne 1991, avant d'être redéployée en plusieurs services distincts dans la Russie postsoviétique.

*Le KGB ne peut donc pas être comparé à la DGSE ?*

S. J. : D'une certaine façon si, mais seulement pour une partie. Le KGB était une gigantesque structure étatique, qui officiait avant tout sur le territoire national, mais il possédait un important service de renseignement extérieur. Au sein du KGB, l'équivalent de la DGSE était la Première direction générale. Les hommes de ce service avaient eux aussi vocation à se rendre à l'étranger pour espionner les

---

1. Glavnoyé politicheskoyé oupravléniyé (Direction générale politique).
2. Narodniï Komissariat Vnoutrennikh Del (Commissariat du peuple aux Affaires intérieures).
3. Komitet gossoudarstvennoï bezopasnosti (Comité pour la Sécurité de l'État).

autres pays afin d'obtenir du renseignement politique, industriel, scientifique ou militaire, sans oublier la surveillance des Soviétiques en poste à l'étranger ou des ressortissants qui avaient émigré un peu partout dans le monde. À la différence de la France, l'Union soviétique s'était lancée dans une guerre idéologique contre la Terre entière. Dès son origine, le but proclamé de l'URSS était d'insuffler une « révolution mondiale » et ses services de renseignement servaient cette cause mégalomane des dirigeants du Parti communiste. C'était notre spécificité. Le KGB était donc le bras armé du Parti unique pour la lutte des classes, comme les enfants l'apprenaient dès l'école primaire. Dans cette optique, le KGB disposait, en matière de renseignement, de plus de personnels que n'importe quel autre pays, avec des antennes sur toute la surface du globe. Les Soviétiques pouvaient aussi s'appuyer sur les services spéciaux des autres pays du bloc communiste, dont l'organisation était le plus souvent calquée sur le modèle du KGB malgré des moyens bien inférieurs. Nos activités d'espionnage étaient d'autant plus facilitées que le régime soviétique a été, dès son origine, imprégné par la culture du secret et du conspirationnisme du fait que les principaux dirigeants avaient eux-mêmes vécu dans la clandestinité durant des décennies, souvent en exil à l'étranger. D'ailleurs, les premiers d'entre eux ont même conservé leur pseudonyme de clandestin une fois arrivés au pouvoir : « Lénine » pour Vladimir Ilitch Oulianov, « Trotski » pour Lev Davidovitch Bronstein ou « Staline » pour Iossif Vissarionovitch Djougachvili. Il s'agit d'une différence idéologique et culturelle très forte avec la France.

F. W. : Sergueï a cité une distinction fondamentale entre nos deux services : le KGB rassemblait toutes les activités de renseignement au sein d'une même entité, alors qu'en France nous divisions nos missions dans des structures bien distinctes : le renseignement extérieur pour la DGSE, le contre-espionnage pour la DST[1] (puis la DCRI[2] et DGSI[3]) et le renseignement politique avec les RG[4]. À mon époque, la DST était en grande partie accaparée par la présence du KGB sur notre sol, une mission qui a été remplacée par la lutte contre le terrorisme à la fin de la guerre froide. Les RG, eux, avaient pour attribution de surveiller tous les mouvements susceptibles de porter atteinte à l'État — selon la formulation officielle —, ce qui revenait à épier l'ensemble des organisations sociales et politiques. Les services pouvaient collaborer entre eux lors d'opérations ponctuelles mais, la plupart du temps, chacun travaillait de son côté.

S. J. : Cette séparation française faisait en sorte qu'aucun service n'avait la mainmise sur la totalité du renseignement. Le KGB, lui, l'avait. Cela offrait un pouvoir gigantesque à ceux qui le dirigeaient. Ce n'est pas un hasard si Youri Andropov a dirigé le Parti et présidé l'URSS après avoir été à la tête du KGB ou que Vladimir Poutine soit devenu président de Russie après une carrière opérationnelle au KGB et avoir été à la tête du FSB[5]. Les services de renseignement soviétiques ont été un marchepied pour nombre de nos politiciens, ce qui n'est pas le cas en France. On n'imaginerait pas non plus les services de votre pays prendre part à des opérations politiques aussi sanguinaires que la création du goulag[6] ou la mise en œuvre des purges staliniennes. Ce serait inconcevable en France.

1. Direction de la surveillance du territoire.
2. Direction centrale du renseignement intérieur.
3. Direction générale de la Sécurité intérieure.
4. Renseignements généraux.
5. Fédédalnaya Sloujba bézopasnosti (Service fédéral de sécurité, successeur du contre-espionnage du KGB).
6. Glavnoyé oupravléniyé lagéreï (Direction générale des camps au sein du NKVD).

*Qu'évoque pour vous le mot « espion » ?*

F. W. : Ce terme était proscrit à la DGSE. Il n'était valable que pour désigner les hommes des services étrangers, jamais pour nous ! Ce mot possédait une connotation très péjorative, c'était presque une insulte. Nous n'étions pas des espions mais des officiers traitants (OT). D'autant que, dans les faits, ce n'était pas notre rôle d'espionner, mais celui de nos sources. Notre fonction était de manipuler ou de payer des individus afin qu'ils se livrent à des activités que l'on pourrait qualifier d'espionnage, mais nous ne le faisions jamais nous-mêmes. C'étaient les services adverses qui nous espionnaient ! Nous faisions peut-être la même chose, mais seulement par personne interposée. Est-ce que je joue sur les mots ? Non, je le pense vraiment.

S. J. : Je n'aime pas non plus ce mot. Je l'utilise car c'est de cette façon que la plupart des gens désignent les hommes du renseignement, mais je ne le revendique d'aucune façon. Je suis tout de même moins virulent que François à ce sujet car j'ai fini par m'y habituer. Chacun considérait effectivement que les espions étaient ceux du camp d'en face. À nos yeux, nous étions de vaillants serviteurs du Parti, tandis que les autres n'étaient que des êtres fourbes qui nous infiltraient pour une cause malfaisante *(rire)*. En réalité, nous étions tous conscients que notre activité avait une dimension malsaine mais nous ne voulions pas l'admettre. Nous inventions donc un paravent terminologique pour nous justifier : nous faisions le sale boulot pour une cause juste, alors que nos adversaires n'avaient pas cette excuse. En URSS, la distinction entre les hommes du KGB et les espions avait même été institutionnalisée : le terme d'« espionnage » n'était utilisé dans le Code pénal que pour désigner les crimes de haute trahison et d'intelligence avec l'ennemi. Il avait vocation à faire condamner ceux qui trahissaient la cause communiste pour le compte de l'adversaire capitaliste. C'est uniquement dans ce cas que l'on utilisait le mot « espion », pour désigner les traîtres. Un tel crime était puni de la peine de mort. Pendant la Seconde Guerre mondiale, Staline avait même créé un service de contre-espionnage baptisé « Smersh », un acronyme qui signifiait « Mort aux espions ».

F. W. : Une petite précision de vocabulaire s'impose : le grand public a tendance à désigner les hommes des services de renseignement par l'expression d'« agents secrets ». C'est inexact : nous sommes des officiers traitants. Les agents sont en réalité les individus qui nous livrent des informations sur le terrain, parfois contre rémunération. Lorsque l'on me dit : « Vous étiez un agent secret », je réponds que non. Mon rôle était de former les agents pour qu'ils soient opérationnels sur le terrain et recueillent ensuite des renseignements pour nous les livrer. Ce sont ces agents qui prennent les plus grands risques car ils trahissent le camp qui est censé être le leur. Dans certains pays, comme Sergueï l'a indiqué pour l'URSS, cela peut valoir le peloton d'exécution !

S. J. : Je suis d'accord avec François car la même distinction existait au KGB, dont les membres se répartissaient en plusieurs catégories. Ceux qui entraient au service opérationnel étaient désignés sous le terme générique d'« officiers de carrière » ou d'« éléments opérationnels ». À mon époque, le KGB comptait 420 000 officiers de carrière mais seulement 10 000 pour le renseignement extérieur. Certains étaient placés au Centre de Yassénévo comme analystes ou comme officiers traitants pour gérer des agents à l'étranger depuis Moscou. Ceux qui opéraient sur le terrain rejoignaient la « réserve active » qui, contrairement à ce que son nom indique, n'était pas composée de réservistes mais d'éléments actifs. C'était notamment le cas des officiers qui se préparaient pour les missions de longue durée dans les ministères civils à Moscou, avant de partir sous couverture diplomatique dans les ambassades ou les consulats. Ces officiers de carrière recrutaient des agents pour exécuter des missions secrètes ou des sources pour nous fournir des informations confidentielles.

*Même si vous n'appréciez guère le terme, l'espionnage est pourtant une pratique qui remonte à des temps ancestraux ?*

F. W. : Bien sûr. C'est le plus vieux métier du monde avec la prostitution. Dans la Bible, quand Moïse aperçoit la Terre promise, il envoie un agent pour lui rendre compte de ce qu'il se passait sur place. Moïse était donc une sorte d'officier traitant avant l'heure ! Du temps de l'Empire romain, Jules César lui-même utilisait des méthodes de chiffrage pour transmettre des messages à ses généraux. Dès les prémices du commerce, les marchands qui naviguaient d'un pays à l'autre étaient utilisés par les souverains comme agents pour connaître la situation à l'étranger. Les relais postaux ont joué un rôle similaire depuis toujours. De tout temps, les rois avaient leurs espions. La monarchie française en a beaucoup utilisé, y compris dans le cadre du renseignement industriel pour s'approprier les techniques manufacturières étrangères. Je me souviens avoir appris lors de ma formation que, sous Louis XIV, des espions français en mission en Italie utilisaient, pour communiquer, des bandelettes avec des messages qui ne pouvaient être lus qu'avec des bambous dont la circonférence correspondait parfaitement. Tous les rois français se sont adonnés à l'espionnage, notamment Louis XV dont c'était l'une des matières de prédilection, mais ce sont surtout leurs éminences grises, comme Colbert, Mazarin ou Richelieu, qui avaient la charge de l'organiser. Certains grands noms ont aussi collaboré avec les services de renseignement, tels

Voltaire, Beaumarchais ou Albert Londres. Des artistes plus contemporaines comme Mata Hari, Mistinguett ou Joséphine Baker ont également été des agents pour les services secrets et se sont révélées très utiles grâce à leur proximité avec certains militaires étrangers haut-gradés au cours des deux derniers conflits mondiaux.

S. J. : Dès l'aube de l'humanité, depuis que les tribus ont commencé à se faire la guerre, l'espionnage militaire s'est imposé comme une pratique courante. Lorsqu'un conflit éclatait, des hommes étaient envoyés secrètement dans le camp opposé pour rendre compte des forces et des faiblesses de l'adversaire. On trouve des traces de telles pratiques dans la mythologie grecque ou dans l'Antiquité égyptienne. Dans les temps anciens, les maîtres en la matière étaient les Chinois, qui furent les premiers à théoriser l'espionnage. Dans son ouvrage *L'Art de la guerre*, écrit cinq siècles avant J.-C., Sun Tzu évoque notamment les rôles des agents de renseignement et des agents d'influence, l'infiltration ou encore les fonctions d'espions morts et d'espions vivants. Ce livre est étudié comme une sorte de bible dans toutes les écoles des services de renseignement. L'espionnage militaire était d'autant plus courant que durant des siècles et des siècles la plupart des pays étaient toujours plus ou moins en guerre. L'espionnage politique est venu beaucoup plus tard avec le développement de la diplomatie. Les envoyés officiels d'un souverain dans un pays étranger étaient alors devenus intouchables, ce qui leur permettait de mener des missions secrètes sans risquer leur vie.

Le renseignement industriel remonte aussi à fort longtemps. Pour l'anecdote, le tsar de Russie Pierre I$^{er}$[1], qui était convaincu que les techniques manufacturières occidentales étaient supérieures à celles de son pays, avait décidé de mener lui-même une mission d'espionnage dans ce domaine

1. 1682-1725.

au début de son règne. Déguisé en voyageur, il s'était rendu sous une fausse identité en Prusse et en Hollande pour apprendre la construction des navires. Il s'est fait embaucher dans les chantiers navals et a travaillé comme simple ouvrier pour s'approprier au mieux les techniques locales. La Grande-Bretagne a elle aussi connu son lot d'histoires d'espionnage rocambolesques. En 1848, alors que la Chine détenait le monopole de la production de thé et imposait ses prix, Robert Fortune, un botaniste écossais qui habitait l'Inde, avait été chargé par la couronne britannique de voler les secrets de la culture du thé. À cette époque où les étrangers avaient l'interdiction de pénétrer en Chine intérieure sous peine d'être exécutés, ce savant britannique s'est déguisé en Chinois pour se livrer à de l'espionnage technologique sur place. Il est ensuite reparti avec une parfaite connaissance de la culture et de la récolte, mais aussi avec des pieds de thé qu'il avait dérobés. Cette opération hautement périlleuse a permis aux Britanniques de lancer leurs premières productions de thé dans la province indienne de Darjeeling, brisant ainsi le monopole chinois.

*François Waroux, vous évoquiez les activités de la DGSE dans le cadre de la « guerre économique ». Mais ce service avait aussi vocation à œuvrer dans le domaine politique, notamment du temps du SDECE avec les mouvements de décolonisation ?*

F. W. : Bien sûr. Dans ses premières années d'existence, le SDECE était essentiellement mobilisé contre les guerres d'indépendance, surtout en Indochine et en Algérie. L'action du SDECE est d'ailleurs montée en puissance au cours du conflit algérien, en menant des opérations d'infiltration et d'intoxication au sein du FLN. Le service retournait des militants indépendantistes faits prisonniers afin d'en faire des agents qui lui fourniraient des informations de l'intérieur. Il est souvent affirmé que le SDECE aurait aussi été à l'origine de la création d'organisations fictives en charge d'opérations de sabotage ou de neutralisation d'individus en Europe et en Afrique du Nord, essentiellement des membres du FLN. Les services français n'ont jamais officiellement reconnu un tel rôle et je n'ai moi-même pas eu d'informations en ce sens. En revanche, une opération à laquelle le SDECE a été mêlé est de notoriété publique : l'affaire Ben Barka. Pour mémoire : le 29 octobre 1965, le leader de l'opposition marocaine au régime du roi Hassan II, Mehdi Ben Barka, avait été enlevé par deux individus qui seront identifiés plus tard comme des policiers français. Ben Barka ne donnera plus signe de vie et son corps ne sera jamais retrouvé. Une opération élaborée entre le ministère de l'Intérieur marocain et le SDECE a, ensuite, été pointée du doigt. Aujourd'hui, on est à peu près certain que le SDECE a joué un rôle plus ou moins direct dans cette disparition. C'est donc vrai que notre service a mené des opérations politiques mais il était bien davantage tourné vers le renseignement humain. Notre principale raison d'être consistait à savoir le plus vite possible ce que les autres pays savaient. Cette finalité était valable pour le renseignement technologique comme pour le renseignement politique. Les dirigeants français devaient connaître les intentions de leurs homologues étrangers avant que ceux-ci ne leur en fassent part.

S. J. : Il faut tout de même noter que des affaires comme celles de Ben Barka, ou plus tard du *Rainbow Warrior*[1], représentent davantage des opérations de « barbouzeries »

1. En juillet 1985, un groupe de la DGSE avait saboté un navire de l'organisation écologiste Greenpeace en Nouvelle-Zélande, provoquant accidentellement la mort d'un photographe qui se trouvait à bord.

que de véritables missions des services. Il suffit d'observer la réaction du général de Gaulle lors de l'affaire Ben Barka pour le constater : à ses yeux, il s'agissait d'une faute du SDECE qui était sorti de son cadre législatif et institutionnel. Le chef de l'État a d'ailleurs tout de suite tapé du poing sur la table en interne. Ce qui gênait de Gaulle, ce n'était pas que les hommes du service aient mené une telle opération mais qu'ils en aient pris l'initiative. Le gouvernement de François Mitterrand a lui aussi tenté de remettre de l'ordre lors du scandale du *Rainbow Warrior*, mais le président socialiste possédait lui-même un cabinet noir à l'Élysée et il avait beaucoup de choses à se reprocher…

*Cela signifie qu'un service comme la DGSE devait sortir du cadre légal pour mener certaines opérations, alors que le KGB pouvait faire ce qu'il voulait sans avoir de comptes à rendre ?*

F. W. : On peut le dire de cette façon. Mais il ne faut pas se leurrer : en France, il existe un « service action » au sein de la DGSE qui peut aussi mener toutes sortes d'opérations… Pourquoi une telle entité existe-t-elle ? Parce qu'il faut parfois éliminer discrètement certains ennemis qui font planer un danger sur la France. Cela existe, mais il s'agit d'une guerre secrète dont la population est censée ne rien savoir. Le service action peut tuer, parfois sur le territoire français mais surtout à l'étranger. Cela peut se faire par le biais d'un attentat, d'un faux accident de voiture ou d'un problème médical impromptu. La DGSE n'ayant aucun pouvoir pénal, elle a donc besoin d'un bras armé. Il n'en demeure pas moins que ce n'est pas la mission première du service de s'occuper de ces affaires-là.

S. J. : Il ne faut pas croire que le KGB était affranchi de tout cadre et pouvait faire ce qu'il voulait sans en rendre compte. Cet organisme travaillait toujours sous le contrôle idéologique très strict du Parti. On pourrait y voir une forme de contradiction dans son champ d'action, notamment sur le fait que les espions soviétiques qui étaient supposés agir à l'étranger opéraient aussi sur le territoire de l'URSS quand des ressortissants d'autres pays s'y rendaient. Mais en réalité il n'y avait aucune contradiction, puisque le KGB possédait la direction « RT », qui était dédiée à l'espionnage à partir du territoire soviétique. Quand des ressortissants étrangers agissaient avec des Soviétiques, ceux-ci étaient donc également surveillés. Le KGB pouvait réaliser n'importe quelle opération criminelle, mais seulement avec la bénédiction du Parti. Chez nous, c'est le Politburo ou le secrétaire général du PCUS[1] qui autorisaient les opérations « mouillées ». Chez vous, le service action de la DGSE n'agit que lorsque le pouvoir politique lui en donne l'ordre. L'ancien président français François Hollande l'a d'ailleurs lui-même révélé en évoquant les « opérations homo » dans un livre[2].

F. W. : À la DGSE, il m'est arrivé en plusieurs circonstances d'intervenir sur le territoire français en accord avec nos collègues de la DST. Cela se faisait dans le cadre d'opérations qui étaient entreprises à l'étranger par la DGSE et qui impliquaient des protagonistes qui se rendaient ensuite en France. Mais nous agissions toujours en bonne entente avec la DST. Il existait une concurrence entre les chefs de nos services respectifs, mais les effectifs travaillaient ensemble sans problème.

S. J. : Je crois que François embellit un petit peu la réalité ! *(Rire.)* La rivalité entre les services est connue de

---

1. Parti communiste de l'Union soviétique.
2. Gérard Davet et Fabrice Lhomme, *Un président ne devrait pas dire ça. Les secrets d'un quinquennat*, Stock, 2016.

tout le monde. Lors de l'affaire Farewell[1], quand Vladimir Vetrov a décidé de proposer ses services à la France, il s'est adressé à la DST car il était convaincu que la DGSE était infiltrée par les agents du KGB. À ses yeux, le fait que les deux services soient en concurrence était l'assurance que tout allait bien se passer avec la DST car celle-ci voulait faire de l'ombre à la DGSE. C'était partout pareil, y compris chez nous. Même si le KGB était constitué d'une seule structure, il existait aussi une sorte de guerre interne entre les différents secteurs. Les directions étaient en concurrence entre elles.

*La différence essentielle entre vos anciens services n'était-elle pas aussi que le KGB participait très activement à la lutte idéologique à l'étranger, ce qui n'était presque pas le cas de la DGSE ?*

F. W. : La DGSE l'a fait sur le continent africain, mais c'est à peu près tout… *(Sourire.)* La DGSE essayait de s'infiltrer un peu partout mais uniquement pour savoir ce qu'il s'y passait, pas pour intervenir directement. Lors de la dernière guerre en Irak, tous les renseignements dont la France disposait en haut lieu étaient obtenus par des officiers traitants sur le terrain. Nous recueillions des infos auprès des autochtones, ou parfois des Français qui se trouvaient sur place. Ces informations servaient ensuite à l'exécution d'opérations, soit par notre service action, soit par l'armée. Mais il ne s'agissait pas, à proprement parler, d'une action politique, seulement de renseignement humain traditionnel.

---

1. Au début des années 1980, le lieutenant-colonel du KGB Vladimir Vetrov, dont le nom de code était « Farewell », avait fourni de nombreuses informations aux services secrets français. Démasqué par les Soviétiques, il sera condamné à mort et exécuté en 1985.

La DGSE n'avait pas vocation à mener des actions politiques comme celles du KGB — ou, en tout cas, de façon beaucoup moins fréquente.

S. J. : Notre lutte idéologique à l'étranger possédait un champ très vaste. Le KGB agissait non seulement par l'infiltration et la propagande mais il pouvait aussi lancer des journaux pour influencer l'opinion. Le service fournissait des moyens financiers à un citoyen occidental en France, en Angleterre ou aux États-Unis, pour qu'il lance un organe de presse prétendument « indépendant » qui publierait des articles très orientés en notre faveur. Notre propagande pouvait ensuite les citer comme du journalisme indépendant du camp d'en face qui validait nos théories politiques. Cela pouvait aller plus loin : non seulement le KGB infiltrait les mouvances de tous bords, mais il était également susceptible de créer des cellules terroristes dans le camp adverse. Cela a été le cas avec la constitution de groupuscules néonazis pour nuire au gouvernement d'Allemagne de l'Ouest ou de cellules islamistes dans des pays musulmans modérés. Le KGB ne cherchait pas seulement à influencer, il voulait aussi créer le désordre dans tous les pays où il était présent.

*Le KGB agissait ainsi en France ?*

S. J. : Le KGB a infiltré tous les partis politiques français, surtout ceux qui avaient une chance d'arriver au pouvoir comme le Parti socialiste. Ainsi, le futur ministre de la Défense Charles Hernu aurait lui-même été recruté comme agent du KGB. Une anecdote amusante en ce sens : dans la liste des 47 diplomates soviétiques soupçonnés d'espionnage qui furent expulsés en 1983, à la suite de l'affaire Farewell, figurait Nikolaï Tchetvérikov, le chef d'antenne du KGB à Paris qui agissait sous couverture à l'ambassade d'URSS. François Mitterrand, qui avait donné son feu vert à ces expulsions, a convoqué peu après le directeur de la DST pour lui dire : « Vous m'avez mis dans de beaux draps : j'ai appelé M. Tchetvérikov, qui est mon contact préféré à l'ambassade soviétique, et je me suis entendu répondre que je l'avais fait expulser. » Aussi fou que cela puisse paraître, un espion haut gradé du KGB entretenait ainsi une relation privilégiée avec le chef de l'État français, dont il avait fait la connaissance bien avant son arrivée au pouvoir. Une fois à l'Élysée, Mitterrand avait gardé l'habitude de le contacter directement, sans passer par son conseiller diplomatique ou le Quai d'Orsay. C'est dire à quel point ils étaient proches ! Paradoxalement, lorsque les socialistes étaient au pouvoir en Europe de l'Ouest, ils se montraient bien plus déterminés à lutter contre les communistes que les gouvernements de droite. Il a toujours existé une certaine détestation entre communistes et socialistes, les premiers considérant les seconds comme des « sociaux-traîtres » et les seconds traitant les premiers de « bolcheviks à la solde de Moscou ». En France, quand la droite était au pouvoir, votre gouvernement entretenait de très bons rapports avec l'URSS, y compris du temps de Staline. Le fait d'être farouchement opposés sur un plan idéologique ne leur posait guère de problèmes. Le KGB avait-il des agents au sein du RPR ou de l'UDF ? Pas d'authentiques agents qui auraient été retournés, mais plutôt des informateurs privilégiés. Le KGB ne recrutait pas vraiment dans les partis politiques, il se contentait d'approcher des individus pour les manipuler sans qu'ils en prennent vraiment conscience.

F. W. : Dans les services français, nous devions nous montrer un peu plus subtils. Pour une raison évidente : nous n'avions pas autant de moyens que le KGB. Si nous voulions orienter une puissance étrangère dans un domaine technologique, nous utilisions la presse. Nous demandions à des « honorables correspondants » — c'est-à-dire des journalistes que nous rémunérions — qu'ils diffusent dans des revues spécialisées de fausses informations dont nous pourrions tirer profit. Il suffisait souvent de balancer une contre-vérité dans un média pour provoquer un sacré capharnaüm dans certains pays. Cela est sûrement encore le cas aujourd'hui.

S. J. : Pour son action extérieure, l'URSS était le seul pays avec la RDA à posséder un vrai service de clandestins. Celui-ci était composé d'espions qui se faisaient passer pour des citoyens lambda à l'étranger, sans aucun lien apparent avec l'Union soviétique. Il existait notamment des réseaux dormants dont les membres se tenaient prêts à agir au cas où la Troisième Guerre mondiale viendrait à se déclarer. Ce concept avait été mis en place par Staline, qui avait très mal vécu d'être privé d'informations sur ce qui se passait à l'étranger pendant la Seconde Guerre mondiale. En revanche, le territoire soviétique était tellement surveillé et quadrillé qu'aucun pays occidental n'aurait pu faire la même chose chez nous.

*Pourrait-on dire qu'à travers ses activités le KGB ambitionnait de transformer le monde alors qu'un service comme la DGSE se contentait d'obtenir des informations pour permettre à la France de tirer le meilleur profit du monde tel qu'il était ?*

F. W. : Je suis d'accord avec cette formulation. Nous avions beaucoup moins d'ambition que le KGB mais il faut prendre en compte que nos moyens étaient proportionnels au volume de la population française, qui était bien inférieure à celle de l'URSS. Cela n'a pas empêché la France de briller tout de même dans le domaine du renseignement. Nous n'étions pas de simples fonctionnaires qui se contentaient de faire le strict minimum, nous étions nous aussi des soldats en mission. Nous avons su faire preuve d'intelligence dans nos analyses et d'efficacité dans nos pratiques. Être un petit pays comparé aux grandes puissances pouvait aussi être un atout : nous n'étions pas obnubilés par l'idéologie, seul le concret nous intéressait. Les effectifs de la DGSE n'étaient guidés par aucune conviction politique préconçue ni par aucune volonté d'imposer un système au reste du monde. Notre seul impératif était d'obtenir des informations, rien de plus. Mais cela ne nous empêchait pas d'être parfois meilleurs que les grands pays dans l'obtention de renseignement. Les Américains, qui étaient pourtant nos alliés, ont souvent eu du mal à croire certaines informations que leur communiquaient les services français tant celles-ci paraissaient énormes. L'histoire nous a pourtant donné raison la plupart du temps et il s'est avéré qu'ils auraient mieux fait d'écouter nos prévisions… Nous ne voulions pas changer la marche du monde, nous étions pragmatiques et cartésiens. Étions-nous pour autant fatalistes ? Sûrement pas ! Nous avions conscience des réalités et nous ne nous embarrassions pas de considérations hors sol, mais nous ne subissions pas le cours des choses. Chacune de nos missions avait des objectifs et ceux-ci servaient les intérêts de notre pays.

S. J. : Il n'est, de toute façon, pas possible de comparer nos deux pays pour une raison évidente : la France est un État de droit, une démocratie. Cela signifie que, même si certains de vos politiciens tentaient d'utiliser les services pour des activités proches de celles du KGB, cela finirait par se retourner contre eux. On l'a vu avec François Mitterrand et sa cellule élyséenne. Par ailleurs, chaque gouvernement décide de ses priorités : la Russie actuelle consacre 30 % de son budget au renseignement, aux services spéciaux et à l'armée. Aucun pays occidental ne consacre autant d'argent dans ces domaines, sauf en temps de guerre. Mais en URSS hier, comme en Russie aujourd'hui, le pouvoir en place continue d'agir comme s'il était dans un état de guerre permanent. À l'époque de François, la DGSE disposait d'un effectif d'environ 2500 hommes. Chez nous, durant la même période, le service de renseignement extérieur rassemblait pas moins de 10000 hommes avec des budgets dix fois supérieurs à ceux de la DGSE ! Et ces effectifs étaient répartis sur toute la surface du globe tandis que la France se concentrait sur les pays qui l'intéressaient : le Japon, les États-Unis et sans doute l'Allemagne pour le renseignement technologique, et ses anciennes colonies pour le renseignement politique. Pour le reste, les services français se contentaient de faire de la figuration.

F. W. : C'est exact. Mais n'oublions pas que la Russie possède une dimension bien supérieure à celle de la France, même si nous sommes la 5e puissance économique mondiale. Est-ce que le fait d'appartenir à un État de droit était un frein pour l'activité de notre service ? Je ne le crois pas. Je le répète : nous disposions du service action qui nous permettait d'aller très loin dans certaines opérations. Pour être pragmatique : si l'on ordonnait à ce service d'éliminer un individu, il le faisait, démocratie ou pas ! Dans pareilles situations, même si nous devions obtenir l'autorisation du gouvernement, nous avions les mains aussi libres qu'au KGB pour agir.

S. J. : Il faut tout de même être conscient de quelque chose : dans l'espionnage, malgré notre jargon professionnel qui pourrait induire en erreur, il n'y a pas d'opérations « légales » ou « illégales », puisque toutes les opérations que mènent les services spéciaux sont par nature illégales, délictuelles ou criminelles. Il n'y a pas que les assassinats qui sortent du cadre de la légalité… L'espionnage fait tout ce que la diplomatie ne peut pas faire : les diplomates fournissent du renseignement à leur gouvernement mais ils agissent sans enfreindre les conventions internationales et les lois. Or, comme nous vivons dans un monde concurrentiel où l'on se dispute les territoires, les ressources et les influences, même les démocraties ont besoin de mauvais garçons pour obtenir ce qui échappe aux diplomates.

F. W. : Exactement ! C'est pour cette raison que les activités de nos services restent secrètes. Quand on nous demande si nous pratiquons des écoutes, nous répondons : « Jamais. » Pourtant tous nos services le font, j'en ai moi-même effectué… Un ambassadeur fait le même boulot que nous : il essaie d'obtenir des informations. La seule différence, c'est que, de notre côté, nous pouvons payer pour les obtenir…

S. J. : Les espions sont des fils de bourgeois qui s'amusent à faire la sale besogne avec l'autorisation de l'État.

F. W. : Nous sommes des salopards en habits de gentlemen. *(Rires complices.)*

## 2. Recrutements et formations

*Étiez-vous prédestinés à rejoindre les services spéciaux ?*

F. W. : J'ai été élevé dans une famille traditionnelle, avec un père militaire qui se montrait très strict. En ce qui concerne ma scolarité, j'ai été éduqué chez les Jésuites, dans un établissement où les élèves n'avaient guère de temps pour les loisirs. J'ai donc grandi dans un carcan où il fallait suivre une route toute tracée. Ce n'était pas très réjouissant et j'aspirais à davantage de liberté. Je suis aussi un patriote-né. Dès mon plus jeune âge, j'ai baigné dans l'amour de mon pays et le respect du drapeau. Cela m'a poussé à passer le concours de Saint-Cyr, où j'ai été reçu, à ma grande fierté. Après avoir commencé ma carrière militaire au sein d'un régiment classique, la perspective de rejoindre un service comme le SDECE incarnait à mes yeux une forme de liberté. Cela ne signifiait pas qu'une telle profession me permettrait de faire tout ce que je voulais — je restais dans un cadre militaire —mais elle m'offrait la possibilité de quitter l'assujettissement quotidien à une autorité. Un tel service représentait l'ouverture vers de nouvelles expériences, avec davantage d'autonomie dans l'action. Je ne considérais pas les services spéciaux comme une élite mais comme une entité qui évoluait un peu en marge de la réalité. Ce sentiment s'est d'ailleurs confirmé lorsque j'ai intégré le SDECE. Durant toutes mes années au sein du service, j'ai toujours estimé que j'étais un privilégié, surtout quand je repensais à mes anciennes fonctions au sein de la caserne de Saint-Germain-en-Laye (Yvelines). J'avais beau avoir atteint le grade de commandant de compagnie, j'avais vite fini par rentrer dans une routine. Le quotidien m'ennuyait et je ne parvenais pas à trouver dans mon travail de bureau une quelconque source de satisfaction, si ce n'est de bien faire la tâche routinière qui m'était demandée. Mon entrée dans les services spéciaux a tout changé. J'ai retrouvé le plaisir de l'adrénaline, le challenge des missions et le bonheur de ne pas mener une existence où les jours se ressemblent. Quand j'étais envoyé à l'étranger, je me disais souvent : « Quelle chance j'ai ! » J'étais heureux de vivre ce métier hors du commun. C'est tout de même quelque chose d'unique d'être payé par l'État pour commettre des actes répréhensibles. J'étais conscient que je menais une activité exceptionnelle, à laquelle peu de personnes pouvaient avoir accès. Je dis souvent que dans nos métiers il est très utile d'avoir fait du théâtre : nous étions des acteurs qui devaient faire croire à leur personnage. Ayant moi-même pratiqué un temps le théâtre amateur au cours de mon adolescence, je connaissais la force de travestir la réalité, d'être si convaincant dans un rôle que l'illusion finit par prendre le pas aux yeux du public.

S. J. : Je suis né en 1961 dans un pays cloisonné derrière le rideau de fer. Comme tous ceux de ma génération, j'ai baigné dès l'enfance dans le climat de la guerre froide. Vu de chez nous, notre pays représentait le « camp du bien » contre les « méchants impérialistes » qui voulaient nous réduire à néant. À l'école, nous apprenions que l'URSS possédait le meilleur système économique, social et politique du monde et qu'elle devait résister aux agressions extérieures pour le préserver. La propagande communiste était ainsi : même si c'était l'URSS qui ambitionnait d'imposer son système au reste de la planète, elle se positionnait toujours en victime. Nous étions le château assiégé par les capitalistes qui voulaient nous détruire. Lorsque j'étais enfant, le KGB bénéficiait d'une véritable aura, ce qui n'était pas le cas du temps des purges staliniennes des années 1930. Dans tous les films soviétiques de mon époque, la figure du héros était incarnée par un officier soviétique qui se battait pour la survie de notre pays, souvent un espion envoyé à l'étranger. C'était une façon romanesque de nous montrer en modèles des hommes du KGB qui infiltraient d'autres pays pour combattre l'ennemi de l'intérieur. La production cinématographique soviétique se révélait bien meilleure que celle d'Hollywood pour imprégner l'imaginaire patriotique. Même dans le cinéma français de cette époque, les héros étaient souvent des résistants face à l'occupation allemande, mais jamais des espions.

*L'URSS produisait des films avec des James Bond en version KGB ?*

S. J. : Pas exactement. Les films occidentaux avec James Bond possédaient une dimension parodique qu'il n'y avait pas du tout dans les longs-métrages soviétiques. Un personnage comme James Bond est si caricatural qu'aucun spectateur ne peut croire qu'un tel officier traitant existe dans la réalité. Il s'agit d'un divertissement côté occidental ; chez nous, c'était de la propagande. Dans les années 1960-1980, les protagonistes des films soviétiques étaient dépeints de façon certes héroïque mais avec la volonté qu'ils soient pris au sérieux. Aux yeux de la jeunesse, ils étaient donc des sources d'inspiration, des figures auxquelles on aspirait à ressembler lorsque l'on atteindrait l'âge adulte. J'ai grandi sous Khrouchtchev et Brejnev, à une époque où les officiers du KGB étaient perçus comme l'élite de l'élite.

Les hommes du service n'étaient pas de simples soldats mais des analystes, des géopoliticiens, des infiltrés avec de grandes capacités intellectuelles. En France, le terme « espion » rimait avec « barbouzerie »; chez nous, il était synonyme d'« aristocratie »! Et puis il y avait autre chose à prendre en compte: les espions qui étaient envoyés vivre chez les « méchants capitalistes » profitaient pleinement des avantages de la société de consommation occidentale. Ils conduisaient de jolies voitures et habitaient de confortables logements sans pour autant trahir l'idéal communiste. Ils avaient le beurre et l'argent du beurre, en quelque sorte. J'ai grandi avec tout cela en toile de fond qui a imprégné mon imaginaire.

*Comment vos recrutements se sont-ils déroulés ?*

F. W. : En 1977, j'avais 32 ans et j'étais commandant à la tête d'une compagnie de transmission dans les Yvelines. J'avais une vingtaine de sous-officiers et une centaine d'hommes du rang sous mes ordres mais je m'ennuyais ferme. Un jour, j'ai vu passer une note de service qui permettait à de jeunes officiers de participer à une « journée portes ouvertes » du SDECE. J'ai sauté sur l'occasion. Malgré les réticences de mon supérieur, j'ai transmis une demande pour y participer et j'ai reçu une convocation quelques semaines plus tard. Les locaux étaient établis boulevard Mortier, dans le XX^e^ arrondissement de Paris, à proximité de la piscine des Tourelles, ce qui avait valu au service son surnom de « piscine ». Le jour prévu, je me suis présenté à la caserne, où je me suis retrouvé en compagnie d'une vingtaine d'officiers et de civils venus eux aussi pour la circonstance. Nous avons eu droit à un petit laïus sur l'historique du SDECE puis nous avons visité les locaux de la centrale. Notre guide nous a ensuite emmenés dans une petite pièce où il nous a fait écouter une bande sonore. Nous avons tous été stupéfaits : cet enregistrement contenait toutes les conversations que nous avions tenues entre nous au cours de la visite ! Des micros nous avaient suivis à la trace sans que personne ne s'en aperçoive ! Le lendemain, chacun des participants a été convié à un entretien individuel avec un représentant du service. Lors de mon retour à la caserne, je n'avais plus qu'une obsession : rejoindre le SDECE. J'ai rempli une demande d'affectation, que j'ai fait suivre à ma hiérarchie. J'ai reçu une première lettre m'informant que ma demande allait être étudiée, puis une convocation. J'ai rejoint le SDECE en septembre 1977 pour entreprendre ma formation. J'ai appris bien plus tard que des membres des services spéciaux avaient enquêté sur moi au cours de cette période. Plusieurs de mes proches, dont mes propres parents, avaient été interrogés. Le service cherchait principalement à savoir si j'avais eu des relations avec des communistes. À cette époque, il suffisait d'avoir eu une seule conversation avec un militant du PCF pour que votre candidature soit rejetée.

S. J. : Chez nous, le KGB ne publiait pas de petites annonces : c'était le service qui choisissait ses recrues, pas l'inverse. Pour ma part, je considère que le KGB m'a piégé et manipulé pour m'attirer dans ses rangs. J'avais suivi des études au MGUIMO, le prestigieux Institut d'État des relations internationales de Moscou. Cette université, qui est l'équivalent soviétique de Sciences Po Paris ou de l'ENA, était rattachée au ministère des Affaires étrangères. Un étudiant comme moi ne choisissait pas tout à fait les matières auxquelles il allait se consacrer. Dans un pays planifié comme l'URSS, les pouvoirs publics décidaient des quotas d'étudiants qui devaient apprendre une langue en fonction des postes à pourvoir. Lors de mon admission, il m'avait d'ailleurs été demandé, par la direction de l'Institut: « Si on vous imposait d'étudier le coréen, comment réagiriez-vous ? » En bon communiste, je n'avais pas manqué de répondre : « Si le Parti me le demande, je le ferai du mieux possible. » Bien entendu, j'avais croisé les doigts en espérant hériter d'une autre langue. J'ai finalement été orienté vers l'étude du français, un heureux hasard qui m'a fait devenir aussi francophone que francophile. Au milieu de mon cursus, en 1980, j'ai pourtant été frustré de constater que tout ce que j'apprenais ne me servait à rien, puisque je n'avais aucune possibilité de converser avec des Français. Et pour cause : tout contact avec des ressortissants occidentaux m'était interdit, puisque j'habitais Zélénograd, la « Silicon Valley » d'URSS interdite d'accès aux étrangers. Un espoir se profilait tout de même : cette année-là, où se tenaient les Jeux olympiques de Moscou, j'étais convaincu que le ministère allait me demander de m'occuper de la délégation française ou des journalistes français venus couvrir les épreuves. Il n'en fut rien ! À la place, j'ai hérité d'un poste ingrat dans un service téléphonique où j'étais censé renseigner les francophones qui appelleraient un numéro mis en ligne à l'occasion des JO. Mais comme les délégations venues pour les Jeux disposaient toutes de leurs propres interprètes, mon service ne recevait aucun appel et je passais mes journées à me tourner les pouces. C'est pourtant à cette occasion que j'ai eu mon premier contact direct avec le KGB. Alors que je m'ennuyais ferme à mon poste de travail, j'ai enfin reçu un appel d'un membre de la délégation française qui avait trouvé par hasard notre numéro. Trop heureux de l'aubaine, j'en ai profité pour discuter de la culture française et de la vie en URSS avec mon interlocuteur. La conversation a duré presque trois heures. Autour de moi, mes collègues du service téléphonique étaient stupéfaits. Tous semblaient se demander ce que je pouvais bien raconter à un inconnu dans une langue dont ils ne comprenaient pas un traître mot. Dans un pays où tout le monde surveillait tout le monde, il fait peu de doute que l'un d'eux a signalé mon comportement. Dans les minutes qui ont suivi, j'ai été conduit au KGB pour y subir un interrogatoire musclé, dont je suis heureusement sorti sans préjudice.

J'ai commis une deuxième erreur peu de temps après. En écoutant en ondes courtes sur *Radio France Internationale* un jeu dont le but était de reconstituer un mot à partir de lettres données en vrac, j'ai trouvé la bonne réponse. Trop fier d'avoir pu résoudre cette énigme, je n'ai pas pu résister à l'envie de me rendre au bureau de poste afin d'envoyer la réponse par télégramme à Paris. Je n'avais pas vraiment conscience de commettre un acte répréhensible mais en URSS cela revenait à se jeter dans la gueule du loup. Car, même si écouter *RFI* n'était pas interdit — au contraire des radios subversives occidentales qui diffusaient des programmes de propagande en langue russe —, il n'était pas permis d'entrer en contact avec ceux qui y travaillaient sans autorisation, surtout pour un étudiant d'une université hautement idéologique. Dès que mon télégramme fut envoyé en France, le bureau local du KGB en a aussitôt été informé et une enquête a été ouverte pour déterminer si j'étais un dissident ou un espion. J'étais d'autant plus suspect que le mot que j'avais transmis à *RFI* était « anticonstitutionnellement »… Cette affaire était prise tellement au sérieux qu'elle est remontée jusqu'à Youri Andropov en personne ! J'ai donc de nouveau été convoqué par le KGB. Un colonel m'a accusé sans préambule d'avoir « trahi la Mère Patrie ». Après une longue explication durant laquelle je lui fis comprendre que tout ce que je voulais c'était pratiquer le français, mon interlocuteur a fini par me dire, en me tutoyant : « Nous cherchons justement des jeunes gens tels que toi.

Cela t'intéresserait-il d'entrer au KGB[1] ?» Alors que je craignais d'être exclu du MGUIMO et jeté en prison, une telle offre me fit l'effet d'une heureuse surprise. J'étais non seulement flatté de rejoindre l'« aristocratie » du KGB, mais j'étais surtout enthousiasmé par la perspective de pouvoir enfin voyager alors que je n'avais jamais quitté l'URSS. Bien sûr, avec ma formation universitaire, j'étais programmé pour partir à l'étranger à plus ou moins long terme. Mais, comme tous les Soviétiques envoyés en dehors du pays, je savais que je serais ultrasurveillé par nos services et que le moindre de mes gestes ferait l'objet d'un rapport au Centre. En intégrant le KGB, cela signifiait que je partirais tout de même à l'étranger mais que je serais davantage dans la catégorie de ceux qui surveillaient plutôt que de ceux qui étaient surveillés ! Ce n'est guère glorieux de le dire de cette façon mais c'était la vérité.

*Comment se déroulaient les autres recrutements dans vos services ?*

F. W. : Les officiers traitants étaient le plus souvent enrôlés au sein de l'armée, par cooptation ou par le biais de notes de service. La DGSE pouvait aussi recruter des analystes par des petites annonces dans les journaux. Ces offres d'emploi ne faisaient pas mention du service, le texte indiquait seulement : « Recherchons des analystes » avec des coordonnées téléphoniques. Les candidats qui répondaient présumaient qu'il s'agissait d'une entreprise. Les réponses étaient triées sur le volet et les postulants étaient reçus dans un bureau loué pour la circonstance. Une fois qu'ils avaient

---

1. Cette partie de son histoire a été racontée par Sergueï Jirnov dans son livre *Pourchassé par le KGB : la naissance d'un espion*, Corpus Délicti, 2019.

passé les premiers entretiens, on faisait comprendre aux candidats retenus pour qui ils étaient appelés à travailler. D'autres civils étaient aussi recrutés par des concours du ministère des Affaires étrangères. Les analystes du service n'avaient pas besoin de formation militaire car ils n'opéraient que rarement sur le terrain ; le plus souvent, ils travaillent sur des documents depuis la caserne Mortier. Tous les candidats qui avaient vocation à rejoindre la centrale faisaient l'objet d'une enquête approfondie, qui pouvait s'étaler sur six mois. Chacune des étapes de leur parcours professionnel ainsi que l'ensemble des aspects de leur vie privée pouvaient être passés au peigne fin.

S. J. : Le KGB n'appréciait guère que des postulants prennent l'initiative de le contacter, c'était lui qui allait chercher ses futurs membres. Un certain lycéen de Léningrad, du nom de Vladimir Poutine, l'a fait à l'âge de 16 ans sous l'impulsion d'un film patriotique en 1968, et cela a failli lui coûter sa carrière au KGB. Les procédures étaient extrêmement encadrées. Le service effectuait une enquête sur ses cibles avant même d'entrer en contact avec elles. Le KGB disposait d'indicateurs dans tous les pans de la société, ce qui facilitait ses investigations. Au sein des écoles et des universités, parmi les professeurs, des « honorables correspondants » repéraient les jeunes qui possédaient des capacités dans tel ou tel domaine et faisaient remonter leurs noms au Centre. Les officiers du KGB chargés du recrutement lançaient ensuite une enquête policière : examen du casier judiciaire, fouille des documents administratifs, recherches sur la famille et les amis, etc. Le service interrogeait secrètement une multitude de témoins qui avaient croisé les candidats au cours de leur existence : de leur maîtresse d'école à leurs voisins, en passant par leurs camarades de classe et leurs relations personnelles. Chaque témoin interrogé confidentiellement devait dresser un portrait psychologique précis de la personne concernée. Le KGB élargissait ensuite ses recherches aux familles des postulants, en interrogeant les gardiens d'immeubles et les syndics, qui étaient des informateurs habituels du service. En parallèle, le Parti communiste menait lui aussi sa propre enquête sur les postulants et pouvait mettre son veto à un recrutement. Ces investigations secrètes pouvaient durer deux ou trois ans et permettaient d'éliminer près des trois cinquièmes des cibles potentielles. Ceux qui restaient étaient ensuite contactés pour que fût engagée une procédure de précandidature. Un contact formel était alors établi avec un officier traitant, qui leur faisait signer un document selon lequel ils s'engageaient dans une collaboration secrète avec le KGB. À la fin, les postulants devaient passer des tests physiques, psychologiques et linguistiques, puis un oral devant un jury composé d'officiers supérieurs. Un autre cinquième des cibles était éliminé à cette occasion et ceux qui restaient étaient admis pour la formation spécialisée.

*Quels étaient les profils recherchés par vos services ?*

S. J. : Pour le renseignement extérieur, le KGB recherchait des individus avec des talents linguistiques ainsi que des connaissances en géopolitique et en relations internationales, ou des diplômés en sciences et techniques pour l'espionnage technologique. Idéologiquement, ils devaient être fidèles aux idéaux communistes, membres actifs du Parti et opposés à la culture perverse capitaliste. Sur le plan humain, ils devaient avoir l'amour de l'ordre chevillé au corps, un grand dévouement patriotique et une excellente santé mentale. Ils devaient aussi savoir travailler dans l'ombre sans chercher les récompenses ou les honneurs publics. Ils devaient aussi être des époux fidèles et des pères aimants. Sur le plan sportif, ils n'avaient pas besoin d'être des athlètes de haut niveau mais tout de même posséder une bonne condition physique pour résister au stress et ne pas flancher sur le terrain. Parmi les autres conditions, il fallait également ne pas avoir de parents étrangers. Toute relation avec des ressortissants d'autres pays était jugée suspecte, sauf si celle-ci pouvait s'avérer utile au KGB.

F. W. : La DGSE possédait à peu près les mêmes critères. Avoir l'esprit patriotique et être psychologiquement stable étaient des conditions *sine qua non* pour devenir officier traitant. Lors de la formation initiale, les psychologues de la centrale accordaient beaucoup d'importance à l'état d'esprit des candidats vis-à-vis du respect de la hiérarchie, notamment pour ce qui est de leur capacité à obéir à des ordres. Comme au KGB, la DGSE souhaitait que ses officiers traitants soient des époux fidèles et des pères de famille. Pourquoi ? Aux yeux de la direction, il s'agissait d'un gage de stabilité. Lorsque j'ai été envoyé pour des missions longue durée sous couverture à l'étranger, je partais avec mon épouse et mes enfants. Dans de nombreux pays, tomber sous le charme de très belles femmes représentait un risque important pour les officiers traitants. En revanche, la DGSE ne faisait pas passer de tests physiques lors de son recrutement. Il est vrai que beaucoup de futurs officiers traitants étaient issus de l'armée et disposaient d'une bonne condition. Ceux qui étaient passés par Saint-Cyr n'étaient pas des enfants de chœur… Et, comme le KGB, la DGSE se méfiait des relations avec l'étranger, sauf si elle pouvait les utiliser à son profit.

*Est-il exact que le KGB refusait de recruter des maris infidèles et des homosexuels ?*

S. J. : Oui. Et pour cause : l'homosexualité était considérée en URSS comme une maladie mentale et une déviance morale bourgeoise. Avoir une relation homosexuelle entre hommes était même un crime puni de huit ans de prison par le Code pénal. Bizarrement, les relations entre femmes n'étaient pas interdites. Le KGB considérait aussi qu'un célibataire ou un mari infidèle n'était pas épanoui dans sa vie privée. Or, dans la logique du service, il était nécessaire d'être bien dans sa peau pour se consacrer entièrement à son travail. Pour les missions de longue durée sous couverture à l'étranger, être marié et avoir des enfants était obligatoire. Cet impératif du mariage avait des raisons moins bienveillantes : une épouse était susceptible de rendre des comptes au Centre sur le comportement d'un OT, et avoir une famille rendait un individu plus propice au chantage par le service et moins par l'adversaire. Être célibataire n'était pas rédhibitoire pour intégrer le KGB, mais le service poussait ceux qui l'étaient à se marier à l'issue de leur formation. Cela était différent pour les hommes du département des « illégaux », dont beaucoup étaient appelés à se marier avec des femmes étrangères dans les pays où ils étaient envoyés afin d'acquérir la nationalité locale.

*La DGSE refusait-elle aussi les homosexuels ?*

F. W. : Non, cela ne faisait pas partie des critères pour écarter une candidature. J'irai même plus loin : avoir des relations homosexuelles pouvait même être encouragé par le service si cela s'avérait utile pour infiltrer certains milieux. En mission, un OT devait toujours s'adapter pour se rapprocher d'un individu qu'il souhaitait retourner à son profit. Si la personne était homosexuelle, il fallait se trouver des points communs avec elle… Pour ce qui est des maris ou des femmes infidèles, je ne peux pas répondre car je n'en sais rien. Avec les enquêtes qu'il menait sur ses futurs officiers traitants, il est probable que le service n'ignorait rien de leur vie privée. Mais que des liaisons adultères soient jugées incompatibles avec notre profession, c'est une autre paire de manches.

S. J. : J'apporte une précision à ce que je disais : même si l'homosexualité était interdite, cela n'empêchait pas que des membres du KGB pouvaient aussi être amenés à avoir des relations sexuelles avec n'importe qui si cela aidait à la réussite d'une mission secrète. Sur le terrain, rien n'était interdit. On pouvait coucher avec des prostituées ou des homosexuels, comme on pouvait traiter avec des proxénètes ou des mafieux. Mais il ne fallait pas *être* homosexuel…

*Le KGB refusait aussi de recruter des Juifs ainsi que des croyants de toute obédience ?*

S. J. : C'est exact. Il faut savoir qu'en URSS être Juif n'était pas considéré comme une confession mais comme une appartenance ethnique qui était inscrite sur nos papiers d'identité. Même s'ils avaient la nationalité soviétique, les Juifs étaient perçus comme appartenant au « peuple d'Israël », ce qui signifiait, du temps de Staline, qu'ils étaient des individus « sans patrie » et incarnaient une cinquième colonne en URSS. Le sionisme était considéré comme une idéologie anticommuniste. L'État d'Israël était donc un ennemi géopolitique, au même titre que les États-Unis ou l'OTAN. Pour le KGB, un Juif était systématiquement présumé avoir fait allégeance au sionisme et n'était pas fiable dans son patriotisme soviétique. Il y avait tout de même quelques Juifs au sein du KGB, mais ceux-ci devaient représenter moins de 0,1 % des effectifs. Les fidèles des autres religions n'étaient pas mieux accueillis dans nos rangs. Le Parti communiste prônant l'athéisme d'État, tous les croyants étaient eux aussi perçus comme des ennemis idéologiques. La seule religion à laquelle nous étions censés croire, c'était le communisme.

F. W. : Chez nous, la confession des membres de la DGSE n'était pas une préoccupation. À titre personnel, je considérais même que croire en une religion était un signe de stabilité. Certaines valeurs du catholicisme correspondent d'ailleurs à celles qui étaient mises en exergue à la DGSE, comme le sens du devoir, la conviction que l'on possède une mission à remplir lors de son existence ou le goût du travail bien fait. Cela ne signifiait pas pour autant que nous agissions dans notre profession avec en arrière-plan le devoir d'obéir aux principes d'une religion quelle qu'elle soit. Il s'agissait seulement de notions qui s'appliquaient aussi bien dans le cadre de la foi que dans un service d'un État laïque.

*Quelle formation recevaient les futurs officiers traitants ?*

F. W. : Notre formation durait environ un an. Ma promotion regroupait une vingtaine de futurs officiers traitants, avec qui j'entretenais une relation de franche camaraderie sans esprit de compétition. Nos instructeurs nous répétaient souvent : « Ne vous prenez pas déjà pour des OT ! » Quand nous sortions de la centrale, ils nous conseillaient de ne pas nous retourner pour voir si nous étions suivis car c'était le meilleur moyen d'attirer l'attention. Nous devions toujours paraître le plus naturel possible, il était même conseillé de venir à la caserne avec des jeans troués et les cheveux longs comme n'importe quel étudiant. Le début de ma formation se révéla assez déroutant car il était en tout point semblable à un enseignement universitaire classique, voire scolaire, puisque le premier jour nous avons même commencé par une dictée… Pour un officier qui sortait de Saint-Cyr, c'était insolite ! Lors de nos cours, nous devions réaliser de nombreuses synthèses de textes, en résumant une soixantaine de pages en moins de 250 mots. Nous suivions aussi beaucoup de cours de psycho, durant lesquels nous travaillions sur des études de cas. Cela impliquait de subir des tests individuels auprès de psychologues, ce que je détestais ! Les psys de la centrale nous montraient des photos sombres ou floues — souvent équivoques — qu'il fallait interpréter. De tels exercices avaient vocation à analyser nos pensées inconscientes, avec une interprétation sexuelle très prononcée. Il ne fallait donc pas toujours dire la vérité sur ce que ces clichés nous inspiraient… Les psys nous faisaient aussi passer des tests de Rorschach, avec ces fameuses taches d'encre qui font penser à un papillon ou un animal sauvage en fonction de l'état d'esprit que l'on a. Les psychologues ne nous disaient jamais rien à propos de nos résultats. Nous avons également visionné un film intitulé *La Manipulation*, qui démontrait avec précision les faiblesses du cerveau humain. Il était question d'un OT qui entreprenait de convaincre un agent de travailler pour lui, avec une explication du processus étape par étape. À l'issue de la projection, l'instructeur nous a démontré que n'importe quel individu était susceptible de se laisser manipuler, quel que soit son degré d'intelligence ou son statut social.

Pour le second volet de notre formation, nous nous rendions souvent sur le terrain pour des exercices pratiques visant à tester nos réactions dans des situations complexes. Chaque fois, nous étions surveillés par un représentant de la centrale que nous ne connaissions pas. Un jour, il m'a été demandé d'aller dans un bar et de renverser un plateau sur lequel étaient posés des verres. Je suis entré dans l'établissement qui m'avait été désigné et il y avait effectivement sur le comptoir un plateau avec de nombreux verres, que je me suis empressé de faire tomber par un faux geste de maladresse. Je me suis ensuite répandu en excuses auprès du patron du bar, qui ne m'en a pas tenu rigueur malgré les nombreux débris sur son carrelage. J'apprendrai plus tard que le patron était un « honorable correspondant » qui avait l'habitude de rendre des services à la centrale. Une autre fois, j'ai eu pour consigne de me rendre chez un grand avocat parisien avec pour objectif de lui vendre un « épurateur de fumée » en me faisant passer pour un démarcheur. J'ai appris par cœur un manuel sur les épurateurs et j'ai appelé tous les avocats du barreau jusqu'à ce que l'un d'eux accepte de me recevoir. Face à lui, j'ai récité mon laïus et répondu à toutes ses questions. Il a fini par se montrer très intéressé et je suis reparti content de moi. J'ignorais que cet avocat était lui aussi un « honorable correspondant »... J'ai été très bien noté pour ces deux mises en situation. Nous avons aussi passé trois mois au service action, où nous avons appris le combat rapproché ainsi que la confection de bombes, de charges creuses ou de bouquets de fleurs piégés. À l'issue de la formation, nous avons passé un examen écrit, puis un oral devant un jury composé de généraux qui nous posaient une série de questions sans rapport avec le renseignement. Leur objectif n'était pas de juger le fond des réponses mais la capacité des candidats à ne pas se laisser déstabiliser. L'un des jurés m'a ainsi demandé : « Que pensez-vous de l'avortement ? » J'ai aussitôt répliqué : « Pourquoi me posez-vous cette question ? » Les jurés étaient sidérés par mon toupet. Ma réaction était pourtant calculée : j'avais appris au cours de la formation que, lorsque l'on se trouvait face à un interlocuteur qui posait une question embarrassante, la meilleure riposte était de retourner l'interrogation. Cela me laissait le temps de réfléchir à ce que j'allais répondre. Ma réaction a finalement plu au jury, qui m'a donné une très bonne note. En fonction de leurs résultats aux examens, les postulants étaient ensuite orientés vers le service recherche ou le service analyse. Les premiers étaient appelés à partir sur le terrain en tant qu'officiers traitants, les seconds travaillaient à la centrale sur les documents que leur transmettaient les premiers.

S. J. : La trame de la formation décrite par François ressemble en de nombreux points à celle que j'ai suivie au KGB. Il existe cependant des spécificités soviétiques. Dès la période de candidature, avant même le début des cours à l'Institut, nous avions des rendez-vous réguliers dans des lieux publics avec un officier traitant qui nous donnait de brèves missions à accomplir. Nous étions alors convaincus qu'il s'agissait de missions réelles, alors que ce n'étaient en réalité que de simples exercices. L'OT nous montrait la photo d'un individu censé être un traître à la solde d'une puissance étrangère et nous devions le suivre dans un magasin ou un restaurant afin de l'observer et de faire un rapport sur son comportement. Parmi mes tests, j'ai dû entrer en contact avec un homme qui fréquentait le rayon de littérature française d'une librairie. Le but était d'analyser mes capacités à établir des liens avec quelqu'un sans éveiller ses soupçons. Quelque temps plus tard, je découvrirai que cette personne était un futur collègue du Centre qui jouait un rôle. S'ils s'en sortaient à leur avantage dans ces petites missions, les candidats passaient ensuite un oral devant un aréopage de généraux, qui leur posaient des questions déstabilisantes pour jauger leurs réactions. Une fois que cette commission avait validé votre admission au KGB, vous commenciez la formation à l'Institut Andropov, pour une durée qui pouvait aller de un à trois ans en fonction de la future affectation. Chaque promotion comptait environ 320 postulants. Au cours du cursus initial, nous suivions un tronc commun durant lequel nous apprenions toutes les formes d'espionnage et de contre-espionnage. Nous avions ensuite des cours supplémentaires en rapport avec nos spécificités à venir au sein des services. L'Institut Andropov, qui était auparavant une simple école de formation, était devenu en 1968 un établissement d'enseignement supérieur car Andreï Gromyko[1] s'était plaint des faibles connaissances en relations internationales des officiers du KGB sous couverture par rapport aux authentiques diplomates qu'ils étaient censés incarner. Résultat : à la faculté principale, nous suivions désormais en trois ans l'équivalent d'un cursus de cinq ans du MGUIMO. Durant ma formation, j'ai eu l'opportunité de rencontrer des intervenants de renom, comme George Blake, qui fut une taupe du KGB au sein des services britanniques, ou Kim Philby, l'un des « Cinq de Cambridge[2] ». J'avais aussi, parmi mes professeurs, Youri Modine, qui avait été l'officier traitant des « Cinq de Cambridge » ; ou Barkov, qui a volé les secrets de la bombe atomique aux Américains. Cela n'empêchait pas les cours d'être parfois un peu ennuyeux. Comme François, nous faisions aussi beaucoup de résumés de textes et de nombreux tests psychologiques. Pour le service des illégaux, je passerai un peu plus tard au détecteur de mensonges. Nous effectuions aussi un stage commando d'un mois au sein d'une division de parachutistes.

Pour l'aspect opérationnel, nous apprenions en parallèle les techniques de surveillance, le codage, l'utilisation du matériel radio ou la filature. Cette partie de l'enseignement se déroulait principalement sur le terrain. L'Institut fournissait d'importants moyens lors des mises en situation. Pour un simple exercice, nous pouvions être suivis par plusieurs

1. Qui était alors ministre des Affaires étrangères et qui dirigea l'URSS entre 1985 et 1988.
2. Surnoms donnés à cinq anciens étudiants britanniques de l'Université de Cambridge qui avaient mené des activités d'espionnage pour le compte de l'URSS au cours de la guerre froide alors qu'ils occupaient des fonctions importantes dans leur pays, y compris dans les services de renseignement.

voitures, dont les chauffeurs changeaient les plaques d'immatriculation en appuyant sur un bouton. En ville, l'Institut Andropov possédait un site baptisé «La Villa», qui était utilisé pour des jeux de rôles au plus près des conditions réelles. Les locaux étaient supposés représenter une antenne du KGB à Washington, avec une vingtaine d'étudiants qui dormaient sur place et sortaient en ville en se comportant comme s'ils étaient dans la capitale des États-Unis. Alors qu'un vrai service de filature du KGB incarnait le FBI américain et surveillait nos moindres faits et gestes, nous devions organiser les rencontres avec nos sources en prenant toutes les mesures de précaution nécessaires. Nos agents, qui étaient joués par des professeurs privés – les anciens du KGB à la retraite, devaient nous remettre des documents contre des sommes d'argent sans que nous nous fissions prendre. Nous devions suivre les protocoles dans le moindre détail mais aussi retenir tout ce que nous apprenaient oralement nos sources lors de nos rendez-vous, sans prendre aucune note comme dans une situation réelle. De retour à «La Villa», nous faisions nos rapports à nos «supérieurs» en remontant les informations obtenues, mais aussi en dressant un portrait psychologique de nos sources. Durant la formation de trois ans, chaque étudiant participait deux fois à une mise en situation dans «La Villa». La seconde comptait comme un examen. Comme à l'Université classique, nous passions aussi des examens en langues, en relations internationales ou en économie politique, et nous soutenions une thèse. À la fin du cursus de trois ans, les postulants se voyaient délivrer un diplôme similaire à celui que j'avais obtenu au MGUIMO. Ceux qui n'avaient suivi que la formation d'un ou deux ans, comme Vladimir Poutine, obtenaient seulement un «certificat d'études» du KGB. La formation ne s'arrêtait pas pour autant : tout au long des années en service actif, nous repassions régulièrement des examens en langues pour nous maintenir à niveau, ce qui donnait lieu à une prime mensuelle selon la difficulté de la langue parlée — 10 % pour les plus répandues et jusqu'à 30 % pour celles plus rares ou compliquées.

*L'ambiance au sein de l'Institut Andropov était-elle celle d'une université classique ou baigniez-vous déjà dans l'atmosphère du KGB ?*

S. J. : Cela n'avait rien à voir avec une université classique. L'atmosphère était totalement paranoïaque. Dès notre arrivée, la direction de l'Institut nous attribuait un pseudonyme, qui deviendra notre seul nom officiel pour toute la durée du cursus. Ces pseudos se constituaient toujours en conservant le prénom et la première lettre du nom de famille. Je suis donc devenu « Sergueï Jakov ». Vladimir Poutine, qui est entré à l'Institut Andropov la même année que moi, avait été rebaptisé « Vladimir Platov ». Nous-mêmes ne connaissions nos condisciples qu'à travers leurs pseudos. Mon cas a d'ailleurs donné lieu à une situation ubuesque, puisque, en parallèle de ma formation au KGB, j'apparaissais chaque semaine à la télévision centrale sous mon vrai nom dans une émission consacrée à la langue française. Tous mes camarades de l'Institut ont ainsi découvert ma véritable identité en regardant ce programme et j'avais l'impression de me promener nu parmi des gens habillés. Toute la formation se déroulait en internat. Entre les quartiers d'habitation et les quartiers d'enseignement, nous vivions dans une forme d'autarcie toute la semaine, à l'exception des sorties en ville pour les exercices pratiques. Le week-end, nous rentrions chez nous. Un bus venait ensuite nous chercher le lundi matin à un lieu de rassemblement de Moscou, qui changeait régulièrement. À l'Institut, nous cohabitions dans des chambres de deux. Chaque étudiant avait pour mission de faire le portrait psychologique de son colocataire pour la direction de l'Institut. Les personnels chargés de faire le ménage dans les chambres rendaient eux aussi des comptes à la direction sur ce que nous faisions. Au sein des promos, des « responsables de classes » — comme Vladimir Poutine qui avait déjà le grade militaire de commandant — coordonnaient les rapports de l'ensemble des élèves et faisaient remonter les informations au service des ressources humaines du KGB. Nous étions par ailleurs tenus d'assister aux réunions du Parti communiste, durant lesquelles notre assiduité était très surveillée. Comme nous avions déjà le statut de militaire, nous étions mobilisables 24 heures sur 24 et nous ne pouvions évidemment pas nous plaindre de nos conditions de travail. Nous recevions des ordres auxquels nous devions obéir sans discuter. Les locaux de l'Institut étaient truffés de micros pour écouter nos conversations, avec sans doute aussi des caméras, y compris dans les toilettes et les douches. Je suis persuadé que, lorsque nous rentrions chez nous le week-end, nos téléphones étaient eux aussi placés sur écoute.

*François Waroux, une telle surveillance n'existait pas du tout lors de votre formation à la DGSE ?*

F. W. : Pas à cette échelle, en tout cas. J'ai souvent pensé que nous étions suivis lors de nos déplacements, mais je n'en ai jamais eu la preuve. Nous étions sans doute aussi surveillés par des écoutes téléphoniques. La surveillance ne s'arrêtait évidemment pas à l'issue de notre formation, elle devenait même plus importante lorsque nous étions en mission. Tous les cinq ans, nous passions devant un psy qui état chargé de déterminer si nous étions capables de poursuivre nos activités au sein du service. Comme au KGB, nous utilisions des pseudonymes pour toute la durée de notre formation. Nous devions les trouver nous-mêmes au début de notre cursus. Nous avions aussi un numéro de rédacteur qui nous servait à signer l'ensemble des travaux que nous rendions. Cette logique se perpétuera dans l'exercice de nos fonctions : un OT ne signe jamais un document autrement que par son numéro.

*La formation du KGB comprenait-elle des tests de résistance à la torture, comme cela est prétendu dans la série The Americans*[1] *?*

S. J. : *The Americans* est une très bonne série, mais la formation qu'elle évoque est celle des espions « illégaux ». L'Institut Andropov, lui, ne formait que les « légaux », c'est-à-dire les membres du KGB appelés à partir à l'étranger sous une couverture officielle dans des ambassades, des consulats ou des représentations commerciales, scientifiques et culturelles. Ceux-là conservaient leur passeport soviétique, tandis que les illégaux se faisaient passer pour des habitants du pays d'accueil sous une fausse identité. Aux États-Unis, par exemple, nos illégaux prétendaient être des Américains ou des ressortissants de pays alliés occidentaux, jamais des citoyens de l'Est. Les illégaux représentaient une filière à part qui nécessitait d'importants investissements de l'État. Les membres de ce service étaient préparés individuellement dans des logements nommés « appartements conspirationnels ». Les futurs illégaux prenaient des cours particuliers des langues et techniques opérationnelles. Les recrues participaient à de nombreux stages, durant lesquels ils voyageaient à l'étranger avec de faux passeports, en étant observés par des instructeurs ou les services du contre-espionnage du KGB et des pays « frères ». Lors de

1. Série américaine créée en 2013 par Joe Weisberg.

mon propre cursus chez les illégaux, j'ai joué le rôle d'un touriste français au sein d'un groupe qui visitait l'URSS. Comme toujours dans ces cas-là, j'étais surveillé par le contre-espionnage local qui rédigeait des rapports sur mon comportement. Une autre fois, je me suis fait passer pour un étudiant belge en Allemagne de l'Est. J'avais été formé pour être crédible dans le rôle d'un francophone un peu partout dans le monde. Même si les illégaux étaient préparés psychologiquement à subir des interrogatoires musclés, ils n'étaient jamais réellement torturés pendant la formation — c'est une pure invention cinématographique.

Des officiers du contre-espionnage venaient nous enseigner le fonctionnement des services étrangers, surtout ceux des États-Unis. Ils nous apprenaient que, si nous étions approchés, le premier réflexe devait être de prévenir discrètement notre supérieur hiérarchique. C'était ensuite à nos dirigeants de décider de la marche à suivre. Nous pouvions avoir pour ordre d'établir un « double jeu » car cela était souvent utile de faire croire aux adversaires que nous roulions pour eux en leur fournissant de fausses informations. Pour le KGB, ce n'était pas une tragédie qu'un de ses membres donne des renseignements aux services d'en face, du moment qu'il en était informé. Car savoir ce que connaît l'adversaire peut permettre de monter des opérations pour retourner la situation à son avantage. Ce n'était donc jamais grave d'avoir été « tamponné » par un service étranger ; ce qui était grave, c'était de le cacher. Nous n'étions pas « préparés à la torture » mais prévenus de ce qui pouvait nous attendre. Nos formateurs nous indiquaient que, si nous étions torturés, nous devions seulement tenter d'en dire le moins possible. Quelle que soit notre capacité de résistance, de toute façon tout le monde finit par parler sous les mains d'un professionnel de la torture. Il n'y a qu'au cinéma que des individus sont capables de résister.

F. W. : C'était pareil chez nous : livrer des informations aux services concurrents pouvait tourner à notre avantage si nous parvenions à garder la main. La bataille du renseignement entre les pays pouvait parfois devenir un jeu de dupes où chacun avançait ses pions pour tromper l'adversaire. Et je partage le point de vue de Sergueï : il faut être un surhomme pour résister à la torture ! Au cours de notre formation, nous n'étions pas vraiment préparés au risque d'être retournés. Le sujet était parfois évoqué, mais seulement pour nous mettre en garde. De toute façon, nous étions déjà tellement conditionnés que la perspective de se faire retourner semblait impensable à notre niveau. En tout cas, c'était inimaginable pour moi.

*Vos propos donnent le sentiment que vos formations possédaient une distinction de fond : la France formait des professionnels alors que l'URSS cherchait à façonner des individus.*

F. W. : Je suis d'accord. Notre formation visait à nous enseigner un savoir-faire, pas à nous formater humainement. Nous apprenions des techniques et les meilleurs moyens de réagir face à des situations difficiles mais je n'ai jamais ressenti à la centrale une volonté de changer ce que nous étions. Nos instructeurs souhaitaient au contraire que nous conservions un esprit critique, y compris lorsque nous analysions les méthodes du service.

S. J. : Je suis également d'accord avec cette distinction. Il ne faut pas oublier que l'URSS était un État idéologique dirigé par le Parti communiste, un État totalitaire dont le KGB faisait figure de bras armé et de police politique. Notre formation était donc aussi un conditionnement idéologique. L'URSS était une prison dont nous devions devenir les gardiens.

# 3. La réalité de la fonction

*Comment se sont déroulés vos débuts au sein du service ?*

F. W. : Comme n'importe quel jeune officier traitant, je n'ai pas tout de suite été envoyé sur le terrain. J'ai passé quatre ans à la centrale au sein du service recherche. J'ai été affecté à un bureau spécialisé dans le travail d'investigation sur le nucléaire, une petite cellule ultrasecrète composée de six membres. Le sujet du nucléaire était si sensible que notre bureau avait été installé dans un local extérieur à la centrale. Le renseignement américain avait déjà des oreilles un peu partout et la direction de la DGSE craignait qu'il ne soit informé de notre activité par une source interne. La première règle du renseignement est de se méfier de tout le monde, y compris de ses propres effectifs. Au quotidien, je travaillais en binôme avec un officier expérimenté. Notre rôle était d'encadrer des officiers traitants qui opéraient à l'étranger pour des missions de quelques mois. À leur retour, nous les débriefions pour analyser les conditions dans lesquelles ils avaient obtenu leurs informations. Nous ne traitions pas le renseignement en lui-même — un autre binôme s'en chargeait —, seulement la manière dont les agents se comportaient avec les OT. Notre but était de nous assurer qu'ils n'avaient pas été manipulés. Contrairement aux OT sous couverture diplomatique, qui transmettaient quotidiennement des informations à la centrale, ceux qui effectuaient des missions de courte durée sous légende n'avaient aucun contact avec le service durant leur déplacement. Ils rédigeaient au fil de l'eau des comptes rendus chiffrés de leurs entretiens avec leurs sources pour ne rien oublier et remettaient à leur retour l'ensemble des infos qu'ils détenaient. Le renseignement en lui-même était souvent apporté sous forme de microfilms ou de photos. Ces documents étaient si sensibles que la plupart d'entre eux étaient placés dans un coffre-fort.

Comme mon travail était bien noté par mes supérieurs, au bout d'un certain temps j'ai été sélectionné pour une première mission clandestine. Je suis parti aux États-Unis sous une fausse identité, prétendant être un professionnel du tourisme qui visitait des sites afin de négocier des partenariats pour mon agence. Ma véritable mission était de recueillir des informations susceptibles d'écourter les recherches françaises dans certains secteurs industriels. Dans cette optique, je devais obtenir du renseignement par le biais d'agents locaux déjà retournés. La société de tourisme que j'étais censé représenter existait réellement, j'y avais même été engagé par un «honorable correspondant». En cas de vérification des services étrangers, je faisais donc officiellement partie des effectifs et je disposais d'un compte en banque sur lequel mon salaire était versé mensuellement. Plusieurs mois avaient été nécessaires pour construire ma légende. Afin d'apparaître crédible dans mon rôle, je devais tout connaître des parcs d'attractions que j'étais supposé prospecter. J'ai travaillé avec un coach expérimenté de la centrale qui m'enseignait les erreurs à ne pas commettre sur le terrain. Une fois sur place, tout ce qu'il m'avait appris s'est révélé très utile. J'avais intégré toutes les règles de prudence : je savais que les hôtels étaient tous surveillés, que je ne devais avoir aucun contact avec la centrale ni avec personne d'autre qui pouvait faire le lien avec ma véritable identité. Je devais me méfier de tout le monde. Sur place, j'ai rencontré des « honorables correspondants » et des agents. Pour la prise de contact, nous utilisons des phrases codées préalablement définies. Par la suite, j'ai effectué trois autres missions à l'étranger en tant que professionnel du tourisme. Chaque fois, je rencontrais des agents locaux dans des lieux publics pour qu'ils me remettent des documents sous la forme de microfilms dissimulés dans des journaux ou des prospectus. Tout s'est déroulé sans encombre.

S. J. : À l'issue de ma formation à l'Institut Andropov, en 1987, j'ai été admis comme officier titulaire du KGB, avec le grade de capitaine. J'ai ensuite passé un an et demi au Centre, à Yassénévo. Cette affectation m'a fait rapidement déchanter tant elle était à mille lieues de mes espérances. Alors que, au cours des trois années précédentes, je m'étais imaginé travailler à l'étranger, je me retrouvais assigné à des tâches bureaucratiques. Je ne pouvais pourtant pas me plaindre de mes conditions de vie : j'étais bien payé, la cantine était digne d'un bon restaurant et nous avions une piscine et des cours de tennis à notre disposition. Mais c'était loin de la vie dont j'avais rêvé. Travailler dans un bureau coincé entre quatre murs alors que j'aspirais à opérer sur le terrain était une véritable frustration. Un officier de renseignement n'est heureux que lorsqu'il est dans l'action, sinon il faut faire un autre métier. Contrairement à la centrale de la DGSE, qui était située en plein Paris, le quartier général du Service d'espionnage extérieur du KGB, la Première direction générale, se trouvait à l'extérieur de Moscou, au milieu de la forêt. Aucun civil n'avait l'autorisation de se trouver à proximité des bâtiments et j'avais le sentiment d'être coupé du monde. Au bout de quelques mois, je tournais en rond. Je partageais mon bureau avec un collègue fort sympathique, qui était lieutenant-colonel. Nous nous entendions très bien mais cela n'empêchait pas la méfiance. Au sein du KGB, la parano était permanente, d'autant qu'il existait une concurrence pour partir à l'étranger. Nos supérieurs ne nous donnaient aucune information quant à nos chances d'être envoyés dans un autre pays, ce qui ne manquait pas de nous faire gamberger.

Dans mon triste sort, j'ai bénéficié d'une opportunité inattendue. Trouvant mon profil intéressant, la direction du service des illégaux du KGB m'a demandé de travailler ponctuellement pour elle sans en rendre compte à mes supérieurs au Centre. Ce département m'a ainsi confié des petites missions sur le sol soviétique, que j'effectuais en parallèle de mon poste officiel. Ces activités « secrètes » m'offraient de régulières bouffées d'oxygène. Même s'il ne s'agissait que de tenir des petits rôles dans des opérations, cela me permettait de me mettre dans la peau d'un ressortissant étranger et de prendre part à l'action. Le reste du temps, je retrouvais mes monotones tâches de bureau. Ma frustration était d'autant plus forte que je passais mon temps à traiter des rapports qui provenaient d'officiers de nos antennes à l'étranger. L'analyse de leurs comptes rendus représentait un travail de fourmi. Chaque fois que ces OT évoquaient des individus qu'ils avaient rencontrés sur le terrain, je devais vérifier chaque nom pour déterminer si ces personnes n'avaient pas déjà fait l'objet d'un signalement au service. Pour cela, je devais descendre aux archives et remplir plusieurs formulaires administratifs. Alors que je croyais, lorsque j'étais étudiant, que notre centrale était à la pointe du progrès et que tout y était automatisé, j'ai découvert qu'à l'époque le KGB ne disposait pas encore d'ordinateurs et que la moindre procédure devait être rédigée sur papier. Nos archives fonctionnaient à l'ancienne : pour chaque nom évoqué par un OT, je devais fouiller dans de grands rayons où les dossiers étaient rangés par ordre alphabétique. Cela prenait un temps fou ! Je ne pouvais même pas demander à une secrétaire d'effectuer ce travail à ma place. Pourtant le Centre du KGB ne manquait pas de personnel : il y avait 2000 secrétaires pour environ 5000 officiers. Mais, selon la règle d'or du service, le moins de personnes possible devaient avoir accès à une information pour éviter les fuites. Cela faisait partie de la paranoïa ambiante. Il était donc hors de question que des secrétaires en sachent autant que les OT, sinon elles risquaient d'être retournées par des services étrangers. Comme les secrétaires étaient deux fois moins payées que nous, elles pouvaient effectivement être sensibles à la perspective de se faire rémunérer pour donner des informations. Pour la petite histoire : un archiviste du KGB, le lieutenant-colonel Vassili Mitrokhine, qui y avait travaillé entre 1956 et 1984, avait copié sans se faire prendre des dizaines de milliers de fiches secrètes, qu'il dissimulait ensuite dans des malles enterrées dans le jardin de sa maison de campagne. Huit ans après son départ à la retraite, il ne savait toujours pas quoi en faire. Après la chute de l'URSS, il les vendra finalement aux Britanniques et finira ses jours avec sa famille au Royaume-Uni, riche, célèbre et considéré comme l'un des plus grands héros de la « guerre froide ».

F. W. : À la différence de Sergueï, je n'ai jamais eu à me déplacer aux archives lorsque je travaillais à la centrale de la DGSE car c'était nos secrétaires qui effectuaient ce travail de vérification. De ce côté-là au moins, nous étions plus performants que le KGB… En revanche, j'ai connu la même attente frustrante que lui pour partir en mission longue durée à l'étranger. Avant d'être envoyé sous couverture en Éthiopie, j'ai passé plusieurs années à étudier le pays dans le moindre détail afin de pouvoir être opérationnel dès mon arrivée sur place. À force d'analyser l'ensemble des rapports qui nous provenaient, j'ai fini par avoir une parfaite connaissance des méandres politiques éthiopiens ainsi que des us et coutumes locaux. Je connaissais même par cœur le chemin qui mène de l'aéroport à l'ambassade et le quartier où je devais habiter. Je n'ignorais rien des méthodes

des chauffeurs de taxi qui servaient d'indics aux services locaux. À l'étranger, un officier traitant doit être comme l'huître sur son rocher. Une fois sur place, je découvrirai que la réalité locale correspondait en tout point à ce que j'avais appris à la centrale. Mais tout ce travail aurait pu être effectué pour rien car nous n'avions aucune certitude d'être envoyés dans le pays, même si nous étions programmés pour cette mission. D'autant qu'au sein du service il y avait toujours plusieurs candidats pour une même destination.

S. J. : C'était la même chose chez nous. Comme François l'a souligné, préparer une mission longue durée implique de bien connaître le pays où l'on sera envoyé mais aussi d'être crédible dans sa couverture. Au KGB, chaque officier qui devait partir à l'étranger passait d'abord plusieurs mois au ministère des Affaires étrangères ou du Commerce extérieur à Moscou pour que les véritables diplomates et commerciaux — ceux que nous nommions les personnels «propres» — s'habituent à sa présence. Pourquoi? Parce que si, dans l'avenir, *quelqu'un* leur demandait s'ils connaissaient tel officier, ils répondraient qu'ils l'avaient croisé dans les couloirs d'un ministère.

F. W. : Après plusieurs années de préparation, j'ai été très heureux de partir enfin pour l'Éthiopie. Comme ma couverture l'exigeait, j'ai pris mes fonctions de deuxième secrétaire à l'ambassade de France d'Addis-Abeba. L'officier traitant doit jouer son rôle et remplir des fonctions similaires à celles de son collègue premier secrétaire, qui, lui, est un *vrai* diplomate. J'assistais donc aux réunions quotidiennes à l'ambassade, au cours desquelles l'ensemble des conseillers rendaient compte de leurs activités dans le pays. Cela me permettait d'obtenir un certain nombre d'informations «ouvertes» que j'utilisais pour mes rapports à la centrale. J'étais également chargé de faire la revue de presse locale pour l'ambassadeur, un travail assez fastidieux. J'envoyais aussi tous les journaux locaux au service par la valise diplomatique car les OT de la centrale épluchaient la presse étrangère avec minutie. En dehors de mes fonctions officielles, j'exerçais mon activité d'officier traitant en récoltant des informations de mes sources et en les transmettant à la centrale, avec l'aide d'un opérateur radio lui aussi issu de la DGSE. Nous étions les deux seuls membres du service dans le pays. Je n'ai pas choisi mes agents en Éthiopie, j'ai hérité de ceux de mon prédécesseur. J'avais, bien sûr, pour mission de dénicher de nouvelles sources au cours de mon séjour mais un tel exercice n'avait rien d'évident : si je parvenais à trouver deux nouveaux agents intéressants au cours des années à venir, c'était déjà un succès. L'OT est aussi en charge de récolter du renseignement d'ambiance, des informations que tous les locaux connaissent mais qui ne sont pas diffusées par la presse. De telles infos étaient très appréciées par les analystes du service.

S. J. : Les diplomates et les officiers traitants ont finalement le même rôle : obtenir des renseignements sur le pays où ils sont en fonction. Avec une nuance de nature : le diplomate récolte du renseignement « ouvert » par le biais de méthodes civilisées, tandis que l'officier traitant cherche à obtenir du renseignement caché par n'importe quel moyen. Les infos ouvertes ne sont pas à négliger pour autant, les journaux représentent d'ailleurs une source essentielle pour les services du monde entier. Au KGB, la presse occidentale, qui était très efficace dans ses investigations, permettait souvent d'obtenir une multitude d'informations que nous ne pouvions récolter par nos propres moyens. Un bon analyste de sources ouvertes pouvait arriver aux mêmes conclusions que les analystes du service qui travaillent sur le renseignement recueilli par nos OT.

F. W. : C'est exact ! J'avais d'ailleurs appris que certains membres du KGB envoyés en France avaient pour principale mission de lire la presse ! Ce renseignement facilement accessible pouvait avoir une grande portée, surtout celui diffusé dans les revues spécialisées. Je me souviens que le magazine français *Science & Vie* avait publié il y a quelques années une photo montrant une vue éclatée du porte-avions *Charles-de-Gaulle*. Un tel cliché pouvait sans difficulté être traduit en renseignement technologique par des spécialistes, qui pouvaient, par exemple, facilement déterminer la localisation des réacteurs.

S. J. : Il existait aussi une revue *Science & Vie* en URSS, avec une rubrique dans laquelle les lecteurs envoyaient leurs astuces pour améliorer la vie quotidienne. Le KGB a appris que les services japonais analysaient systématiquement cette page et déposaient les brevets protégeant des idées qui leur semblaient intéressantes. Ainsi, quand l'industrie soviétique souhaitait utiliser certaines de nos propres méthodes, elle se retrouvait parfois légalement bloquée car c'était le Japon qui en possédait les droits.

*Sergueï Jirnov, que faisiez-vous au KGB en attendant d'être envoyé à l'étranger ?*

S. J. : Je gérais à distance une quinzaine d'officiers traitants à l'étranger et je supervisais leurs agents en Amérique centrale depuis le Centre, en trompant mon ennui. Je savais qu'être célibataire représentait un frein pour opérer à l'étranger sous couverture. À l'époque, j'avais des liaisons amoureuses, mais aucune qui soit suffisamment sérieuse pour envisager un mariage. Je me retrouvais donc dans une impasse professionnelle. La marche du monde a cependant joué en ma faveur. L'URSS connaissait depuis 1985 de profonds changements en raison de la politique d'ouverture de Gorbatchev. En 1988, l'une des réformes de la pérestroïka avait mis fin au monopole de l'État pour le commerce extérieur. Alors que jusque-là seules les centrales d'achat d'État avaient le droit de commercer avec d'autres pays, désormais n'importe quelle entité soviétique pouvait faire de même. Pour le KGB, cela induisait de nouvelles possibilités de couverture pour le renseignement extérieur. D'autant qu'une autre loi permettait désormais — sous certaines conditions — la création d'entreprises privées. Le KGB n'était donc plus dépendant des ministères des Affaires étrangères et du Commerce extérieur pour envoyer ses espions dans d'autres pays : nos officiers pouvaient créer leurs propres entreprises et partir aux États-Unis ou en Europe de l'Ouest sous prétexte de faire du business. Un autre événement a accéléré mon départ à l'étranger. L'un de mes copains, qui avait des responsabilités au Comité des jeunesses communistes de Moscou, développait un centre de recherche et développement industriel, une structure très à la mode dans cette période. Ce centre ambitionnait d'étendre ses activités à l'international mais n'avait personne de compétent dans ses rangs pour s'en occuper. Ce copain a donc entrepris de recruter quelqu'un ayant de bonnes connaissances en droit international et qui maîtrisait des langues étrangères. Comme j'avais le profil, il m'a proposé de travailler comme consultant. Sans en informer mes supérieurs à Yassénévo, je l'ai fait sur mon temps libre, ce qui m'a permis de me créer de nombreux contacts intéressants pour le KGB. Une fois que les choses se sont mises en place, j'ai averti mon commandement de ma nouvelle activité. Cela a fonctionné comme sur des roulettes ! Non seulement j'ai aussitôt obtenu l'autorisation de ma direction pour être détaché au sein de ce bureau de consultant chapeauté par le Premier secrétaire du Comité de la jeunesse communiste de Moscou, mais j'ai aussi été félicité par ma hiérarchie pour cette initiative ! Le président du KGB en personne m'a donné carte blanche pour organiser mes voyages professionnels à l'extérieur du pays. Le KGB était ravi car mes nouvelles fonctions représentaient la couverture idéale, puisqu'il ne s'agissait pas d'une légende avec une fausse identité mais d'une activité réelle. J'ai obtenu le statut d'« illégal du Centre », ce qui signifiait sans la résidence permanente à l'étranger et sans affectation fixe. Mon officier traitant était nul autre que le général Youri Drozdov, le directeur des illégaux ! Je suis devenu son chouchou et je pouvais faire ce que je voulais. Mieux : comme j'avais rendu officiel mon travail à la télévision soviétique, je possédais une visibilité publique qui me rendait insoupçonnable aux yeux des services étrangers, dont la DST et la DGSE.

*Cela signifie que jusqu'alors le KGB, qui quadrillait pourtant l'ensemble du territoire soviétique, ne s'était pas rendu compte que vous travailliez à la télévision en plus de vos fonctions au Centre ?*

S. J. : Oui, aussi incroyable que cela puisse paraître. Même si le KGB donnait l'impression de tout savoir sur tout le monde, c'était aussi une énorme machine bureaucratique avec toutes les lourdeurs que cela implique. Il était donc possible de passer entre les mailles du filet, surtout pour quelqu'un qui avait appris toutes les astuces pour déjouer une surveillance. De toute façon, ma direction s'est bien gardée de me reprocher de lui avoir caché cet emploi car celui-ci est devenu un atout. Non seulement parce qu'être vu à la télévision une fois par semaine m'offrait une couverture parfaite mais aussi parce qu'avec la perestroïka mon émission a commencé à inviter en plateau des diplomates étrangers en fonction à Moscou. Je multipliais donc les contacts avec eux et j'adressais des comptes rendus de nos discussions au Centre du KGB, comme n'importe quel officier de renseignement sur le terrain. J'avais pour consigne de me faire passer pour un individu assez critique vis-à-vis du régime soviétique, ce qui ne m'a pas demandé beaucoup d'efforts… Grâce à ma maîtrise de la langue, je passais beaucoup de temps avec le personnel diplomatique français, au point que je suis devenu une sorte d'attaché spécial de l'ambassade de France à la télévision soviétique.

Sous ma couverture de consultant, dans le cadre d'une rencontre entre les Jeunesses communistes françaises et soviétiques, j'ai effectué en mai 1989 mon premier voyage officiel en France sous ma propre identité. Au sein du KGB, mon statut était inédit : je travaillais pour le service des illégaux mais je partais à l'étranger sous mon propre nom de citoyen soviétique. C'était un paradoxe, puisque les illégaux travaillaient sous de fausses identités avec une nationalité fictive. Habituellement, ils préparaient leur mission pendant plusieurs années et ne revenaient parfois jamais en URSS. Le départ d'un illégal donnait d'ailleurs lieu à une fête d'adieu en pleine forêt avec la direction du service, parfois même avec le président du KGB. Même si ma première mission en France ne devait durer que quelques jours, j'ai, moi aussi, eu droit à un tel cérémonial. Je me suis retrouvé avec le général Drozdov et deux colonels, qui se sont amusés à me faire boire plus que de raison durant toute la soirée. J'apprendrai plus tard qu'il s'agissait en réalité d'un dernier test, visant à vérifier mes capacités à ne pas raconter n'importe quoi sous l'emprise de l'alcool. Ayant réussi à bien me tenir malgré les libations, je me suis envolé pour la France dès le lendemain à bord d'un Tupolev d'Aeroflot, avec une bonne gueule de bois. Comme François en Éthiopie, je m'étais tellement préparé à partir que j'avais l'impression de tout connaître de ce pays sans y avoir encore jamais mis les pieds.

Cela ne m'a pas empêché de subir un gros coup de stress lors d'une soirée avec les Jeunesses communistes de la région lyonnaise. Comme j'étais en terrain conquis avec des « amis idéologiques », je ne m'attendais pas à être mis en porte-à-faux. Mais je m'attendais encore moins à ce qu'un militant communiste âgé de 16 ans me lance, devant tout le monde: «Je voudrais travailler pour le KGB, à qui dois-je m'adresser?» C'était un cas d'école: comment réagir face à un individu qui entreprend lui-même la démarche pour se faire recruter? Il pouvait certes s'agir d'un jeune imbécile incapable de comprendre que pareil propos ne se tenait pas devant témoins, mais il pouvait aussi être un provocateur qui cherchait à tester ma réaction. Ce n'était pourtant pas la première fois que quelqu'un évoquait le KGB devant moi depuis que j'étais arrivé en France. En remarquant ma maîtrise du français, d'autres interlocuteurs n'avaient pas manqué de me dire, avec un petit sourire: «Ne seriez-vous pas du KGB?» Nous savions comment réagir en pareille situation. Il ne fallait surtout pas nier en se montrant mal à l'aise, il n'y avait rien de pire pour se faire démasquer. Mieux valait ironiser en répondant: «Je suis même le vice-président du KGB.» Face à l'adolescent, c'était différent: il ne s'agissait pas d'une simple boutade mais d'une offre de services. Privilégiant la prudence, j'ai répliqué comme s'il s'agissait d'un provocateur: «Je vais aller déterrer une kalachnikov et on va te tester pour voir si tu fais l'affaire!» Toute l'assemblée a rigolé et nous avons bu de la vodka jusque tard dans la nuit. Il s'avéra qu'en réalité l'adolescent ne se doutait pas que j'étais moi-même un officier du KGB, il avait seulement la naïveté de sa jeunesse. Plus tard, je l'ai pris à part et je lui ai dit: «Tu crois que si tu évoques le KGB devant des dizaines de personnes je vais te mettre en contact avec le service? Tu es idiot ou quoi?» Je lui ai fait la morale un long moment pour m'assurer qu'il était sincère. Lorsque j'en ai eu la conviction, je lui ai donné deux conseils: ne plus évoquer le sujet en public et quitter dès à présent le mouvement communiste pour intégrer un parti politique «bourgeois». Pourquoi? Parce qu'un militant communiste n'avait aucune chance d'entrer à notre service. Nous avions besoin d'agents susceptibles d'évoluer dans les sphères du pouvoir capitaliste, pas d'idéalistes qui tenaient des stands à la fête de l'Huma. À mon retour de France, j'ai mentionné son nom et les propos qu'il m'avait tenus dans mon rapport pour le Centre, comme je le faisais pour chacun de mes échanges avec les Français que j'avais rencontrés. Est-ce que son âge me gênait ? Absolument pas ! Recruter des agents les plus jeunes possible était très bien vu par le service car ils pouvaient ensuite faire des études d'ingénieur et rejoindre des établissements de recherche ou intégrer des partis politiques de droite avec des parcours insoupçonnables. Les bons agents ne devaient avoir aucun lien visible avec la mouvance communiste. J'ai eu des nouvelles de ce jeune homme quelques années plus tard et nous avons gardé contact. Il a, par la suite, intégré le Parti socialiste et il est aujourd'hui maire d'une ville moyenne. Quand j'évoque avec lui notre première rencontre, il rigole et se contente de dire : « J'étais jeune et bête. » A-t-il été approché par un autre opérationnel et recruté pour les services soviétiques ou russes à la suite de mon rapport ? Je n'en sais rien. Et, à vrai dire, je m'en moque.

*Comment vous y preniez-vous pour obtenir les renseignements que vous transmettiez à vos services ?*

F. W. : Le plus facile était d'abord de recueillir du renseignement à travers des sources ouvertes : la presse — comme nous l'avons déjà évoqué, les documentations professionnelles, les publications universitaires ou de recherche. Venaient ensuite les sources semi-ouvertes qui possédaient une diffusion restreinte : les études que l'on trouvait dans les bibliothèques d'université, les interventions dans les colloques ou les congrès. Enfin les sources secrètes : des documents internes d'entreprises, de laboratoires, d'institutions ou de ministères, dont certains pouvaient être classés «Confidentiel Défense». Ce dernier type de renseignement ne pouvait être obtenu que par des personnes internes, c'est-à-dire par du renseignement humain. Les personnes ciblées n'étaient pas forcément des directeurs, des ingénieurs ou des cadres haut placés. Ceux-là étaient très difficiles à recruter et pouvaient plus facilement être soupçonnés en cas de fuite. Mieux valait s'adresser à un employé subalterne ou à une femme de ménage, qui eux aussi savaient où se trouvent les documents sensibles. Sans oublier que fouiller dans les poubelles permettait aussi de récupérer des brouillons qui pouvaient se révéler très intéressants. Sans faire sortir un document des locaux, une source pouvait aussi nous faire un compte rendu verbal de son contenu sans éveiller les soupçons. Pour le premier niveau de renseignement, celui des sources ouvertes, n'importe quel personnel de la centrale pouvait y avoir accès et rédiger des rapports afin que les analystes travaillent dessus. Pour les deuxième et — surtout — troisième niveaux de renseignement, ce sont des officiers traitants qui en ont la charge.

Si l'on veut obtenir des documents d'une entreprise, d'une institution ou d'un centre de recherche, on doit commencer par établir des liens avec un employé ou une femme de ménage. Cela prend beaucoup de temps. Lors d'une première phase, on va prendre le même transport en commun et déjeuner au même endroit que la cible afin qu'elle s'habitue à notre présence. Il faut ensuite établir un premier contact, en lui posant une question banale ou en lui empruntant son briquet. Puis, après s'être salué et avoir échangé des politesses pendant quelque temps, vient le moment de l'interroger sur son travail en faisant mine de s'intéresser à un sujet annexe qui n'éveille pas ses soupçons. Plus tard, au bout de six mois ou un an, vient le moment de demander à la cible si cela ne la dérangerait pas de vous fournir un document interne qui semblait sans importance, comme un organigramme ou un annuaire, en prétextant par exemple que vous envisagez de postuler dans sa société. La plupart du temps, la cible accepte car de tels documents apparaissent insignifiants, bien qu'ils soient souvent utiles pour le service. Une fois que ce pas est franchi, il devient possible d'aller beaucoup plus loin…

*De quelle façon ?*

F. W. : En établissant une relation de confiance avec la personne. Cela se fait très progressivement. Il faut d'abord la faire parler de son travail, ce qui n'est guère difficile car la plupart des gens adorent parler d'eux. Il faut aussi découvrir quels sont ses centres d'intérêt et prétendre que l'on a les mêmes, ce qui demande un important travail de préparation. Si la cible adore la musique classique, vous devez devenir un expert en musique classique. Si la cible se passionne pour le tennis, vous devez vous entraîner suffisamment pour obtenir un bon niveau. Chaque fois, il s'agit de trouver le meilleur moyen de se rapprocher d'elle à travers des points communs. Pour franchir l'étape ultime, il est nécessaire que la cible vous considère presque comme un ami. Dans le travail d'approche, une phrase suffit à tout faire basculer. Parfois ça passe, parfois ça casse. Si la personne vous a déjà remis un annuaire de sa société, sans s'en rendre compte elle a déjà commis un acte illicite. Il est donc plus facile de l'attirer plus loin. Il ne faut pas le faire de façon visible, mais l'entraîner petit à petit jusqu'à ce qu'il lui soit difficile de faire machine arrière. Cela demande des efforts car la confiance se mérite.

S. J. : C'est exactement le même processus chez nous. La phase d'approche est extrêmement importante. Un exemple : vos fonctionnaires du ministère de l'Intérieur ou des Affaires étrangères fréquentent tous les mêmes restaurants et les mêmes bars, dans les rues autour de leurs bureaux. Pour les approcher, il faut tout d'abord s'y rendre le plus souvent possible afin qu'ils s'habituent à votre présence. En s'habillant et en se comportant comme eux, vous jouez sur les raccourcis psychologiques : vous n'aurez même pas à mentir, ils vous prendront spontanément pour l'un des leurs. Vous devez trouver un prétexte pour nouer un premier contact et la suite se fait presque naturellement. C'est la même chose que pour la drague : il faut passer par une phase de séduction progressive avant d'atteindre le point de bascule. La seule différence, c'est que dans la drague on risque au pire de se prendre un râteau, alors que les conséquences peuvent s'avérer bien plus graves pour un officier de renseignement qui se fait démasquer. La tentative de retournement d'un individu pourrait davantage se comparer à de la drague homosexuelle dans un pays où l'homosexualité est punie de prison. Pour faire évoluer la relation avec une cible, tout se fait au feeling : nous appliquons une méthode générale, mais chaque fois il faut s'adapter à la personnalité de l'interlocuteur. Comme l'a souligné François, la plupart des gens aiment parler d'eux et ils vous accordent vite de l'importance si vous savez les écouter. S'ils résistent, il existe des méthodes pour les pousser à se confier. Ces techniques sont décrites dans nos manuels, mais aussi dans des ouvrages grand public tels que *Comment se faire des amis et influencer les autres* de Dale Carnegie. Il est utile de s'appuyer sur une lecture du comportement corporel de la personne : il faut savoir la flatter ou se moquer d'elle au moment opportun pour l'inciter à réagir. Le but est de la placer dans une situation où elle ressent le besoin de vous prouver quelque chose ou de vous rendre service. À partir de ce moment-là, elle finit par croire que l'idée de vous livrer des informations vient d'elle.

F. W. : Le taux d'échec est assez important dans les tentatives de retournement. C'est pour cette raison qu'il faut bien choisir sa cible avant d'investir du temps sur elle. Pour cela, il est nécessaire au préalable de « faire l'environnement » de la source afin de déterminer les chances de réussite et les moyens à mettre en œuvre pour le recrutement. Il faut, bien sûr, aussi s'assurer que la personne que l'on souhaite retourner puisse avoir accès aux informations que l'on convoite. Il vaut mieux ne pas entreprendre plusieurs cibles en même temps car l'on augmente les chances de se faire repérer et on ne travaille pas suffisamment sur chacune d'elles. Dès que l'on sent que l'on a des chances de réussir avec une cible, il faut s'accrocher pour arriver à ses fins sans compter son temps.

*Quelles étaient les motivations pour devenir agents ?*

F. W. : Principalement l'argent, le sexe et la convergence idéologique. Le sexe peut jouer un rôle important dans les recrutements. Dans cette optique, un service peut faire appel à des « honorables correspondantes » pour séduire une cible et l'inciter à collaborer ou pour obtenir elles-mêmes des informations qu'elles nous transmettaient par la suite. La plupart des cibles ont bien du mal à résister à de jolies femmes !

S. J. : Des jolies femmes ou des jolis garçons ! Car tous les services savent qu'au sein de deux des principaux ministères français la moitié des fonctionnaires sont homosexuels…

F. W. : Bien sûr. Ces « honorables correspondantes », comme leurs homologues masculins, ne font pas partie de la DGSE : elles collaborent avec le service en draguant ou en couchant avec des agents potentiels. En contrepartie, elles peuvent obtenir une rémunération financière ou des compensations d'un autre ordre. S'il s'avère que c'est le meilleur moyen pour obtenir les informations que l'on convoite, cela ne pose aucun problème de payer. Je n'irai pas jusqu'à dire qu'il s'agissait d'une pratique courante chez nous, mais cela fait partie des choses qui pouvaient se faire. L'OT qui utilisait cette méthode devait en rendre compte à sa hiérarchie, mais si le jeu en valait la chandelle il obtenait le feu vert.

S.J. : Il est aussi possible d'utiliser une femme ou un homme pour coucher avec un agent potentiel afin de le faire chanter. Des photos ou une vidéo des ébats sont prises par le service et on exige ensuite que l'agent nous livre des informations, sans quoi les images seront envoyées à son épouse ou rendues publiques. S'il tient à son mariage et à sa situation, il se retrouvera dans l'obligation d'obéir. Ce genre de méthodes était très courant dans certains services. En RDA, le renseignement disposait d'un département spécialisé baptisé « Roméo », au sein duquel des jeunes gens avaient pour mission de séduire des secrétaires dans des secteurs sensibles en Allemagne de l'Ouest, comme la Chancellerie, le ministère des Affaires étrangères ou leurs propres services spéciaux. Les « Roméo » devaient entretenir des liaisons avec elles, voire les épouser, et les utilisaient ensuite pour se procurer des documents classifiés. Existait-il des services analogues au KGB ? Je n'ai pas eu d'informations en interne à ce sujet mais certains événements tendent à le démontrer : en 2010, quand une dizaine d'espions soviétiques ont été expulsés des États-Unis, il y avait parmi eux la fameuse « Anna Chapman » — Anna Vassiliyevna Koustchenko, de son vrai nom. Celle-ci avait été envoyée à Londres après avoir, en 2002, épousé en Russie un Occidental très naïf afin de pouvoir acquérir la nationalité britannique et mener ses activités d'espionnage en toute tranquillité. Cette union n'a pas duré longtemps. Une fois le passeport britannique obtenu, Koustchenko a divorcé en 2006 en conservant son nom d'épouse, puis elle est partie seule aux États-Unis afin de se trouver de nouvelles conquêtes pour le compte des services russes. Après le scandale de 2010, son ancien mari britannique a connu des ennuis judiciaires, puis décédera en 2015 dans des conditions suspectes. Son ex-épouse, déchue de la nationalité britannique, continue de son côté à pavoiser, le régime russe ayant fait d'elle une icône médiatique. Le régime de Vladimir Poutine a su en tirer profit au-delà de ses frontières, puisque la majorité des médias occidentaux ont participé de manière involontaire à cette opération de propagande du Kremlin en s'entichant de cette ancienne espionne avec une fascination malsaine.

Par le passé, des prostituées étaient régulièrement utilisées par le KGB sur le territoire soviétique. Lorsque des délégations diplomatiques d'Europe de l'Ouest venaient en visite chez nous, des filles se trouvaient toujours dans leurs hôtels pour les séduire. Soit elles dérobaient des documents dans les chambres, soit nous prenions des photos compromettantes pour faire chanter les diplomates. Le pauvre ambassadeur du général de Gaulle à Moscou, Maurice Dejean, a lui-même été victime d'une telle opération du KGB, qui lui a valu un retour prématuré en France et la disgrâce. Ces femmes légères étaient surnommées les « hirondelles » — *lastotchki*, en langue russe. Ce terme n'était utilisé qu'à l'oral, il n'apparaissait jamais dans les comptes rendus. En échange de leur collaboration avec le KGB, les prostituées obtenaient le droit officieux de gagner leur vie en devises étrangères, un avantage dont le Soviétique lambda était privé. Cet échange de bons procédés était cocasse car officiellement la prostitution n'existait pas en URSS. Une telle propagande était ridicule car il suffisait de se rendre dans n'importe quel hôtel qui accueillait des étrangers pour croiser des professionnelles qui travaillaient au grand jour.

Les moteurs du recrutement des agents sont à peu près les mêmes dans tous les pays. Pour définir ces principaux leviers, les Américains ont inventé le sigle «MICE»: «Money, Ideology, Coercion and Ego» (l'argent, l'idéologie, le chantage et l'ego). La seule chose qui change, c'est la hiérarchie de ces leviers en fonction des pays. Les services occidentaux considéraient par exemple qu'il était beaucoup plus facile d'acheter ses informateurs plutôt que de recruter des agents qui croyaient en leur cause. Les services américains ou français pouvaient certes enrôler des citoyens des pays de l'Est attirés par les libertés individuelles, mais il s'agissait d'une motivation bien moins forte que l'idéal communiste. Durant des décennies, l'URSS a pu recruter dans tous les pays occidentaux une multitude d'individus qui croyaient dur comme fer que l'idéologie marxiste rendrait le monde meilleur. Les célèbres «Cinq de Cambridge» ont toujours refusé les rémunérations que leur proposaient leurs OT car ils étaient convaincus d'agir par devoir. Des gens se présentaient même spontanément à l'ambassade soviétique de leur pays pour nous livrer gratuitement des documents sensibles. Le KGB se méfiait d'ailleurs beaucoup de ceux qui se mettaient volontairement à notre service car il pouvait s'agir de provocateurs du camp adverse. Ce n'est pas pour autant que nous rejetions leur candidature, mais nous prenions nos précautions. Certains OT ont repoussé des individus qui voulaient leur donner des informations très intéressantes, en estimant que c'était trop beau pour être vrai, alors que ceux-ci étaient en réalité sincères et ont ensuite été arrêtés par le contre-espionnage de leur pays, voire condamnés à de la prison. Au KGB, notre classification des leviers de recrutement était donc d'abord l'idéologie et seulement ensuite les compensations matérielles et la manipulation psychologique.

*En quoi consiste la manipulation psychologique ?*

S. J. : Il s'agit d'exploiter les failles d'un individu. En le convainquant par exemple qu'il n'est pas suffisamment reconnu dans son activité professionnelle et en faisant naître en lui la volonté de se venger de ses supérieurs. Dans la manipulation psychologique, il était aussi possible d'utiliser un autre agent ou une honorable correspondante pour influencer les décisions d'une personne importante. Un tel procédé remonte à la nuit des temps. Le premier exemple est cité dans la Genèse : le serpent de Satan parvient à convaincre Ève de pousser Adam à mordre dans le fruit défendu. Un simple agent est donc parvenu à changer le cours de l'humanité, si l'on en croit les Écritures… Dès lors que la motivation de collaborer avec le service vient de lui, l'agent devient d'autant plus impliqué. C'est pour cette raison que le KGB utilisait le chantage comme dernier recours. L'agent qui travaillait pour nous uniquement par contrainte se révélait toujours moins fiable car celui-ci cherchait par tous les moyens à mettre fin à cette situation désagréable.

*Mais les autres agents pouvaient eux aussi faire machine arrière, quelle que soit leur motivation originelle ?*

S. J. : C'est vrai. Mais une personne qui agit pour des raisons idéologiques ou pour une motivation égoïste sera bien moins tentée de rompre si elle en a l'occasion. C'est pourquoi nous testions toujours la sincérité d'un agent au moment de son recrutement. Quelle que soit la nature ou la durée de la relation avec lui, nous devions continuellement nous assurer de sa fiabilité. Pour maintenir son contrôle sur lui, l'OT devait savoir quand il fallait le flatter, l'amadouer, le rassurer ou lui mettre la pression. Il pouvait aussi arriver qu'un agent soit tout simplement lassé, il fallait alors le remotiver. S'il agissait par idéologie, il fallait lui dire que son action permettait d'améliorer le monde, lui rappelant que les infos qu'il obtenait étaient lues par le secrétaire général du Parti communiste d'URSS lui-même. Pour quelqu'un qui croit au communisme, cela représentait un grand honneur. On pouvait aussi lui promettre qu'il serait décoré de l'ordre de Lénine, ce qui ferait de lui un héros de l'URSS, lui donner secrètement un passeport soviétique ou un grade militaire au KGB. Si l'agent avait peur d'être pris, il fallait le rassurer, parfois en lui fournissant soi-même des psychotropes. Si l'agent voulait vraiment arrêter ou que l'OT estimait que celui-ci n'avait plus d'intérêt, la relation pouvait prendre fin sans que cela ne pose de problème. Il était seulement nécessaire de s'assurer qu'il n'y avait pas de volonté de dénonciation de sa part. Cela se passait alors un peu comme un divorce à l'amiable, avec une forme de négociation. Les deux parties se mettaient d'accord sur les mesures de séparation ou sur une éventuelle reprise de contact. Certains agents continuaient à être payés, même s'ils ne transmettaient plus de renseignement, comme une sorte de « pension de retraite ». L'essentiel était que la relation passée ne soit jamais rendue publique, ce qui était facilité par le fait que l'agent avait des choses à se reprocher et qu'en dénonçant l'officier traitant il se mettrait lui-même en danger. Mais, si l'agent rompait en menaçant de dénoncer l'OT, c'était une autre paire de manches. Nous devions alors lui faire entendre raison, soit par le dialogue, soit par le chantage. Lorsque l'on recrute un agent, on s'assure toujours d'avoir en sa possession des éléments permettant de le manipuler en cas de besoin. On lui fait signer un document reconnaissant qu'il a reçu de l'argent de notre part et nous enregistrons souvent les conversations avec lui. Il suffit le plus souvent de lui rappeler qu'en cas de dénonciation un OT sous couverture de diplomate sera seulement expulsé du pays, tandis que l'agent risque la prison, voire d'être fusillé pour trahison dans certains pays. D'autres fois, il faut aller plus loin : si un ancien agent représente un risque pour le service, il peut être liquidé. Le service action entre alors en jeu et l'individu en question boira un thé au polonium ou sera victime d'une maladie inconnue. C'était le cas au KGB mais je pense que c'était pareil à la DGSE.

F. W. : Bien sûr. C'est notre boulot d'OT de vérifier qu'un agent n'a pas retourné sa veste. Il arrive qu'une cible se rende compte qu'elle est manipulée et qu'elle aille dénoncer l'officier à sa direction. Il suffit parfois d'observer l'attitude d'un agent pour savoir qu'il joue un double jeu. Un agent est un homme comme un autre : lorsqu'il est en proie à la peur, il dégage certains signes. Il est normal qu'un agent angoisse, mais la plupart du temps il confie ses craintes à son OT. S'il ne le fait pas, c'est qu'il cache quelque chose. L'OT doit continuellement tester l'état d'esprit de ses sources. Souvent, quelques petits gestes suffisent à attirer l'attention. Un agent qui arrive en retard à un rendez-vous ou qui a le regard fuyant signifie beaucoup de choses. L'OT doit alors l'interroger de façon directe ou indirecte pour confirmer ses soupçons.

*Pour obtenir des informations, pouvez-vous tromper une source en lui faisant croire qu'elle agit pour un autre pays que le vôtre ?*

S. J. : Tout à fait. Au KGB, nous recrutions des agents sous de faux drapeaux. Si nous voulions par exemple qu'un diplomate de l'OTAN nous fournisse des documents, nous savions qu'il n'accepterait jamais de le faire pour l'URSS. Mieux valait donc se faire passer pour un officier d'un pays allié. Pour convaincre un Français, nous prétendions être membre d'un service allemand ou anglais en faisant jouer le sentiment anti-américain. C'était d'autant plus facile qu'à une époque il y avait beaucoup d'anti-Américains parmi les gaullistes. Ils n'auraient jamais trahi la France mais ils étaient enclins à livrer des informations qui nuiraient aux États-Unis. Dans ces cas-là, il ne s'agit pas de véritables agents qui signent des documents dans lesquels ils s'engagent à pratiquer de l'espionnage. Ce sont de simples sources, des diplomates avec lesquels nous engageons des relations de « confiance » sans qu'ils sachent pour qui ils travaillent réellement.

F. W. : Je suis d'accord. Il est tout à fait envisageable de mentir sur notre service d'appartenance. Tout est possible à partir du moment où le but de la mission est atteint. Mais, au bout d'un moment, la source finit toujours par comprendre qui l'on est, surtout si elle est payée. Ai-je déjà moi-même menti sur mon service ? Très peu car je n'en ai pas eu besoin. Mais si j'avais dû le faire cela ne m'aurait posé aucun problème.

*Peut-on devenir « ami » avec un agent ?*

F. W. : C'est assez dangereux car il s'agit d'une relation dans laquelle il ne faut pas faire de sentiment. Une source peut croire que vous êtes devenu son ami alors que vous faites seulement semblant de l'être. Être proche d'une source rend la transmission compliquée quand un OT est remplacé. Lorsque l'on arrive à l'étranger pour une mission longue durée, entretenir de bonnes relations avec les agents de son prédécesseur n'a rien d'évident. Le courant peut ne pas passer et l'obtention de renseignement devient très difficile.

S. J. : Une relation entre un OT et un agent pourrait presque se comparer à un mariage : l'entente doit être parfaite au sein du couple pour que cela fonctionne. Mais si une source n'accepte de livrer du renseignement qu'à un seul OT qu'elle considère comme un ami, et que les documents fournis sont jugés importants, le séjour de cet officier est prolongé dans le pays. Malheureusement pour nous, une relation avec un agent de grande qualité est rarement durable. Elle peut fonctionner entre six mois et un an, pas davantage. Quand une source nous fournit des documents auxquels peu de gens ont accès, le service adverse identifie rapidement la fuite, recherche le coupable et finit par identifier la taupe. Dans certains pays, trouver les responsables des fuites est même un véritable sport national. À une époque, la CIA était tellement obnubilée par la recherche de taupes qu'elle ne faisait pas grand-chose d'autre.

*Vous étiez vous tout de même attaché à une source au point de compromettre votre rôle ?*

F. W. : Non, jamais. J'étais chaque fois conscient du jeu dangereux dans lequel j'étais impliqué. Si la source devait être sacrifiée, elle était sacrifiée. Je le répète : si l'on a des problèmes de moralité, il faut changer de métier. Il fallait quand même que cela se passe le mieux possible avec les agents. Si la relation devenait conflictuelle, cela ne pouvait pas fonctionner. Mais, comme toujours, nous jouions un rôle.

S. J. : Il en est de même pour moi. J'ai eu tout de même un cas de conscience. Quand j'ai été envoyé en France, le service me poussait à trouver une Française à épouser afin que j'obtienne la nationalité. J'ai eu une relation avec une jeune femme que je trouvais très attachante. À tel point que j'ai considéré qu'elle ne méritait pas que je lui gâche la vie en l'entraînant avec moi dans mes histoires d'espion. J'ai donc mis fin à notre liaison pour la protéger, alors qu'il était dans mon intérêt et dans celui du service que je l'épouse. La demoiselle était malheureuse et m'en a voulu, ignorant que cette rupture lui avait évité des déceptions beaucoup plus grandes.

*Quel regard portiez-vous sur ceux qui trahissaient leur pays ?*

F. W. : Je me suis toujours forcé d'avoir de la sympathie, même si cette sympathie était le plus souvent factice. Il fallait montrer un visage bienveillant à ses agents car il était important de conserver leur confiance mais tout cela faisait partie de notre rôle, ce n'était pas la vérité. Quand on ferre un poisson, on ne veut pas le remettre à l'eau. Les agents représentaient des individus sur lesquels nous avions investi beaucoup de temps et d'énergie, il ne fallait donc pas les perdre mais je n'étais pas attaché à eux pour autant. Je pouvais au mieux avoir une forme d'empathie. Intérieurement, j'ai toujours eu un peu de peine pour les personnes qui tombaient dans le panneau lorsque je les manipulais. Les pousser à trahir leur propre pays était une victoire pour nous mais un avilissement pour elles. Est-ce que je ressentais du mépris ? Je n'avais évidemment pas une très haute estime pour leurs actes, qui pouvaient souvent se résumer à trahir les siens pour des considérations matérielles. Mais je m'efforçais de ne pas y penser lorsque je me trouvais face à elles. C'était parfois un cas de conscience de faire mine de sympathiser avec certains agents tant j'avais du mal à comprendre comment ils pouvaient agir de la sorte. À titre personnel, je n'aurais jamais pu trahir mon pays pour de l'argent.

S. J. : Il faut essayer de ne pas juger la personne. En tant qu'officiers traitants, nous connaissons les règles du jeu. À nos yeux, un agent était seulement un moyen d'atteindre un objectif opérationnel. Notre approche était pragmatique, voire cynique. Si la personne était rassurée par l'aspect affectif, nous étions capables de jouer le jeu de l'amitié. Si l'agent était sympathique, cela devenait assez facile. En revanche, si l'on se retrouvait face à un individu de la pire espèce, c'était plus compliqué. Si, en plus d'être un traître, il se révélait humainement méprisable, il fallait faire un véritable effort sur soi. Un peu comme une prostituée avec un client à l'hygiène douteuse… En général, ceux qui trahissent leur pays ne sont pas les gens qui ont les plus hautes qualités morales.

*Quel est le motif de trahison pour lequel vous aviez le plus de compréhension ?*

F. W. : L'argent et le sexe.

S. J. : L'idéologie.

F. W. : Il y avait donc l'idéologie à l'Est et l'argent à l'Ouest. *(Rire approbateur.)* Il est vrai que chez nous l'idéologie avait très peu de poids, l'argent et le sexe apparaissaient donc comme des motivations supérieures. Aucun agent n'aurait accepté d'être recruté parce que nous lui promettions d'entrer au RPR ou au PS…

S. J. : C'est assez logique, en fait. À notre époque, nous étions dans un contexte de guerre froide où chacun représentait un camp idéologique. À l'Est, l'aspect idéologique était bien plus fort qu'à l'Ouest. L'Occident représentait la liberté de se déplacer et les biens matériels, mais aux yeux de ceux qui étaient convaincus par le communisme l'URSS incarnait l'aboutissement de tout ce en quoi ils croyaient. Il faut se souvenir qu'il s'agissait d'une cause pour laquelle près de la moitié de l'humanité était prête à s'engager. Certains agents se montraient souvent plus communistes que nous. En réalité, les Soviétiques croyaient de moins en moins en l'idéologie marxiste car ils savaient ce que cela signifiait de vivre dans un pays où elle était appliquée. Les Occidentaux, eux, connaissaient surtout la théorie ; ils s'imaginaient donc un système bien meilleur que celui qui existait réellement. Cela provoquait d'ailleurs de fortes déceptions quand des agents venaient vivre en URSS après que leur trahison fut découverte. Parmi les «Cinq de Cambridge», trois ont fini en URSS: quand ils ont vu de leurs propres yeux la réalité du système pour lequel ils avaient risqué leur vie, ils ont eu le sentiment de s'être fait flouer. Kim Philby a eu de la chance de mourir en mai 1988, trois ans avant la disparition du Parti communiste et la dislocation de l'URSS!

*Avez-vous déjà eu le sentiment que l'agent que vous étiez censé manipuler était en train de vous manipuler?*

F. W.: Cela m'est arrivé une fois au cours de mon séjour en Éthiopie. J'ai eu l'opportunité de recruter un diplomate de RDA, avec qui j'entretenais de bonnes relations. Cette personne m'avait offert un disque parce que je lui avais dit que j'appréciais la musique baroque. J'en avais rendu compte à la centrale qui m'a aussitôt répondu: «Mettez tout de suite fin aux contacts avec cet individu, il entreprend de vous retourner!» C'est un épisode que j'ai mal vécu. Plus qu'être manipulé, il existe davantage de risques de se faire flouer par des sources qui refilent des documents de peu d'intérêt. Lorsque je travaillais sur le renseignement industriel, ma formation d'ingénieur m'était utile pour comprendre les informations fournies, même si, la plupart du temps, je devais seulement transmettre les documents qui étaient ensuite traités par des analystes à la centrale. Je n'avais pas de connaissances spécifiques en matière nucléaire, mais je maîtrisais suffisamment les sujets liés à la physique, à l'électricité ou à l'électronique pour comprendre de quoi parlaient les agents. Même sans être chimiste, je saisissais l'essentiel des processus d'interaction des molécules ou des atomes. De telles connaissances n'ont d'ailleurs pas été étrangères à mon recrutement à la DGSE. M'est-il déjà arrivé qu'une source tente de me refiler des documents bidons? Pas à ma connaissance, en tout cas. Je pense que si cela avait été le cas la centrale m'aurait prévenu pour que je m'éloigne de la source en question. Il fallait aussi se méfier des exigences de certains agents. Au Pakistan, une source m'avait demandé de lui remettre un passeport français en échange d'informations. J'en ai rendu compte à la centrale qui a refusé la transaction. Mais dans certains cas cela aurait été possible.

S. J. : Je ne l'ai pas vécu directement sur le terrain mais quand je travaillais au Centre du KGB je me suis rendu compte qu'un OT en poste au Mexique qui m'envoyait des comptes rendus était en train de se faire manipuler par son agent sans qu'il ne s'en rendît compte. En analysant les informations que nous livrait sa source, ainsi que son attitude avec l'OT, il m'a semblé qu'il était urgent de mettre fin à la relation. J'ai transmis mon avis à mes supérieurs mais je ne sais pas quelle a été leur décision à ce sujet. Il faut souligner que les bonnes sources sont aussi rares que les pierres précieuses et qu'au sein de la chaîne de commandement tout le monde les convoite pour faire avancer sa carrière. Cela pousse des membres du service à prendre des sources de peu d'intérêt, voire à embellir leur rendement ou fermer les yeux sur leur inutilité.

*Que sont exactement les « agents d'influence » ?*

S. J. : C'était une spécialité de l'URSS qui a beaucoup été pratiquée. Le terme « agent » n'est d'ailleurs pas tout à fait approprié dans ce cadre, puisque les agents d'influence ignoraient le plus souvent qu'ils étaient utilisés comme tels. Il s'agissait essentiellement de personnalités haut placées : des représentants politiques, des journalistes réputés ou des artistes célèbres. Certains étaient plus ou moins conscients qu'ils travaillaient indirectement pour nous, d'autres ne s'en rendaient pas du tout compte. Aucun n'avait formalisé sa relation avec les services comme des agents traditionnels. Ils n'étaient pas rémunérés au sens propre, mais pouvaient obtenir des récompenses informelles, comme des voyages en URSS tous frais payés, des invitations aux événements de l'ambassade, des publications traduites en URSS ou des tournées sur notre territoire. L'URSS a surtout eu recours à des agents d'influence sous Staline mais aussi dans les décennies 1950 et 1960. Le concept était d'utiliser à notre profit les « grands naïfs bourgeois » qui participaient à notre propagande à l'étranger par sympathie pour le modèle communiste. À cette époque, le communisme était perçu comme un synonyme de progrès par un pan très important du milieu intellectuel et artistique occidental. Si l'on était progressiste, il fallait se dire communiste pour ne pas passer pour un réactionnaire. En France, nos plus célèbres agents d'influence de l'époque ont été François Mitterrand, les gaullistes qui voulaient bâtir l'Europe « de l'Atlantique à l'Oural », les anciens résistants, des pilotes de l'escadrille Normandie-Niemen, des membres de l'association France-URSS et des artistes comme Jean-Paul Sartre, André Gide, Jean Ferrat, Mireille Mathieu, Marina Vlady ou le couple Montand-Signoret. Le voyage en URSS d'Yves Montand et de Simone Signoret en 1957, qui avait fait l'objet d'une grande médiatisation, avait été un fantastique outil de propagande pour nous. Pourtant ce déplacement a mis fin à leur engagement en faveur du communisme : ils sont arrivés pleins de naïveté en acceptant de participer à toutes nos opérations de communication et ils sont repartis en ayant pris conscience de ce qu'était la réalité soviétique. C'était aussi la faille des agents d'influence : comme rien n'était formalisé, ils pouvaient changer de bord du jour au lendemain sans que nous eussions de moyens de pression sur eux. Cela a été le cas avec André Gide, que Staline avait reçu avec tous les honneurs en URSS et qui avait publié un livre très critique contre le modèle soviétique à son retour en France. Certains artistes que nous utilisions comme agents d'influence pouvaient aussi avoir leur propre agenda : ils ne s'étaient pas « vendus » à notre cause, ils l'utilisaient pour leur propre carrière. Quand leur intérêt changeait, ils prenaient leurs distances avec notre régime. Ils savaient sentir quand le vent tournait. Le moment où Yves Montand a rompu avec son « engagement » communiste correspondait aussi à la période où il ambitionnait de tourner des films à Hollywood… Dès lors qu'il a cessé de soutenir l'URSS, ses chansons ont été interdites d'antenne sur la radio soviétique alors qu'elles étaient très populaires jusqu'alors. L'agent d'influence n'était pas forcément une personnalité étiquetée communiste. Quand une artiste populaire comme Mireille Mathieu venait faire une tournée en URSS, elle participait elle aussi à notre propagande, même si elle ne prenait pas de position politique. Un artiste reconnu qui se rendait en territoire soviétique suffisait à donner une bonne image de notre pays. Des chanteurs contestataires comme Renaud étaient aussi utiles car ils critiquaient avec virulence le modèle des sociétés occidentales et influençaient une partie de la jeunesse bourgeoise à notre profit. La CIA pouvait également organiser des opérations d'influence idéologique, comme avec le passage à l'Ouest de la propre fille de Staline en 1967. Cela avait été un coup terrible pour nous, à tel point que le directeur du KGB avait été limogé. Voir la fille d'un homme qui incarnait l'URSS rejoindre le camp adverse en déclarant : « J'ai choisi la liberté » valait toutes les tournées de Mireille Mathieu et d'Yves Montand…

F. W. : Dans les services français, le concept d'agent d'influence était assez différent. Nous les désignions plutôt par le terme d'« agents inconscients ». Il s'agissait aussi d'individus haut placés qui ignoraient qu'ils étaient manipulés mais ils nous servaient seulement à faire passer des messages à notre profit dans certains milieux ou à obtenir du renseignement, jamais à faire de la propagande. L'OT qui était en relation avec eux devait faire en sorte qu'ils ne se rendent jamais compte qu'ils étaient manipulés.

S. J. : C'est toute la différence entre le KGB, qui était une organisation idéologique, et la DGSE, qui était seulement un service de renseignement. La DGSE ne cherchait pas à avoir une influence sur la politique d'un autre pays, mais uniquement à obtenir des informations qu'elle faisait remonter à son gouvernement. Influencer la politique d'autres pays, comme en Afrique, restait le pré carré de l'Elysée, même si le service action de la DGSE était également utilisé sur le continent africain pour des changements de régime. Le seul qui a entrepris de faire de la DGSE un instrument politique a été son ancien directeur Alexandre de Marenches, en poste de 1970 à 1981, à l'époque du SDECE. Il possédait un très large réseau et était reçu par les chefs d'État sur tous les continents. Il est possible qu'à un moment donné il ait franchi la limite de ce que devait être son service. En URSS aussi, les agents d'influence dépassaient largement le cadre du KGB. C'était souvent le service qui instaurait la relation mais par la suite ils étaient souvent gérés au plus haut niveau de l'État ou par le Comité central du Parti communiste.

*À quel point l'URSS a-t-elle joué un rôle dans les activités des groupuscules terroristes d'extrême gauche au cours des années 1970 ?*

S. J. : Dans les années 1970, l'URSS ne croyait déjà plus à la révolution communiste. Il y avait encore une lutte idéologique mais celle-ci n'avait plus la même intensité ni la même perspective qu'auparavant. L'influence soviétique extérieure visait seulement à créer de l'agitation dans les pays occidentaux mais sans espoir d'aller plus loin. Et encore : même cette perspective a faibli lorsque nous sommes entrés en période de « détente » avec l'Ouest. Certains mouvements contestataires en Occident étaient soutenus de manière logistique par l'URSS, mais le plus souvent de façon indirecte. Rien ne démontre que les membres des Brigades rouges italiennes ou de la RAF[1] allemande rencontraient un officier traitant de l'ambassade soviétique ou des illégaux du KGB. Nous ne les armions pas, ou seulement très indirectement. Par le passé, nous avions formé militairement dans des camps en URSS les combattants palestiniens, lesquels accueillaient ensuite les terroristes occidentaux dans leurs zones d'entraînement. Nous n'avions absolument aucun contrôle sur ces mouvements d'extrême gauche. Cela a pu nous arranger, à une période, qu'ils fassent monter la tension à l'Ouest mais cela est devenu un problème quand nous sommes entrés dans une période de coopération économique avec les pays capitalistes. À ce moment-là, ces « gauchistes » nous agaçaient franchement. Même si l'URSS avait encore cru à la révolution mondiale à cette époque, ce n'était de toute façon pas eux qui auraient pu l'imposer. Il ne faut pas oublier qu'il s'agissait de simples groupuscules, pas de mouvements de masse. Dans la population occidentale, leurs thèses étaient ultraminoritaires et la majorité des citoyens les détestaient. Ce n'est pas pour rien que l'URSS a perdu la guerre froide.

*Est-il imaginable, comme cela a été dit, que la Cicciolina, ex-actrice porno d'origine bulgare devenue députée italienne, ait été utilisée par les services de l'Est pour ridiculiser la démocratie occidentale ?*

1. Rote Armee Fraktion (Fraction armée rouge).

S. J. : Si elle a été utilisée, ce n'était effectivement pas comme espionne mais comme agent perturbateur. Je n'ai aucune information interne à ce sujet mais cela ne me semble pas impossible. Un tel personnage était compromettant pour le système démocratique. Une actrice porno qui devenait représentante de la nation au Parlement, cela signifiait que le système politique occidental relevait du grand guignol. Ce serait une belle opération de propagande, en tout cas.

*Pourquoi la Russie actuelle est-elle soupçonnée d'utiliser encore des agents d'influence, alors qu'elle n'ambitionne pas de mener une révolution mondiale comme à l'époque de l'URSS ?*

S. J. : Pour deux raisons. D'abord parce qu'influencer l'opinion publique d'un pays peut encore s'avérer utile pour faire pencher des décisions géopolitiques ponctuelles à son avantage, comme pour l'abandon des sanctions économiques contre la Russie. Dans cette optique, on véhicule alors l'idée qu'un pays comme la France devrait s'allier à la Russie pour peser davantage face aux États-Unis ou la Chine. La deuxième raison relève de l'inconscient : les dirigeants actuels de la Russie sont en grande partie des enfants du KGB qui continuent de penser selon les mêmes schémas qu'à l'époque de l'URSS. Ils sont restés dans une logique d'influence internationale alors que le monde a changé et qu'un tel comportement peut parfois aller à l'encontre de l'intérêt du pays. On pourrait citer l'exemple des comédiens Gérard Depardieu ou Steven Seagal, à qui Vladimir Poutine a rapidement octroyé la nationalité russe, ce qui a été vécu comme un cirque médiatique en Occident et très mal perçu par les citoyens des anciennes républiques d'URSS qui n'arrivent pas à obtenir la même faveur. Les exemples d'utilisation d'agents d'influence par le régime de Poutine ne manquent pas. Marine Le Pen est venue à Moscou recevoir la bénédiction publique du Kremlin entre les deux tours de l'élection présidentielle de 2017, et son parti a été financé par une banque russe. Des faits qui discréditent d'ailleurs le prétendu nationalisme du Rassemblement national ainsi que son volet programmatique qui vise à interdire le financement et l'influence étrangers sur le sol français. Heureusement pour les responsables de l'extrême droite française, nombre de leurs électeurs ne sont pas intellectuellement aptes à comprendre cette contradiction. Des personnalités médiatiques acceptent également de s'affilier à la télévision de propagande Russia Today sans se rendre compte du mal qu'ils font à la démocratie occidentale.

# 4. Les techniques

*Quels moyens techniques utilisiez-vous lorsque vous étiez OT?*

F. W.: Tordons d'abord le cou à une idée reçue: les officiers traitants utilisent peu de gadgets. De tels matériels existaient, la DGSE disposait même d'un service spécifique dans ce domaine, mais il s'agissait surtout de faux papiers, de mécanismes pour ouvrir des serrures ou de procédés pour camoufler des informations écrites. Nous avions par exemple la capacité de miniaturiser des documents pour qu'ils tiennent sur un minuscule point incrusté dans un article de journal afin d'être transmis sans être repérés. Quand j'étais en Éthiopie, je disposais aussi d'un système intégré à ma voiture qui me permettait de photographier une personne que je filais ou le trajet que j'empruntais. Pour être franc, sur le terrain nous avions peu l'occasion d'utiliser toutes les techniques apprises lors de notre formation. Celles que nous pratiquions le plus souvent étaient liées aux filatures. Lorsque nous marchions dans la rue, il fallait marquer un temps d'arrêt devant une vitrine ou refaire son lacet pour vérifier si quelqu'un s'arrêtait en même temps. Si c'était le cas, nous devions le semer avec des procédés de «contre-filature». Nous pouvions par exemple entrer dans un bâtiment par une porte et en sortir par une autre. C'était imparable car celui qui vous suit n'est pas censé connaître le nombre de sorties de l'édifice. Autre subterfuge: changer rapidement son apparence. Cela nécessite d'avoir avec soi un imperméable, une veste réversible ou une perruque. J'ai souvent utilisé une fausse moustache, dont je me débarrassai après avoir disparu un instant du regard d'un suiveur potentiel. Je pouvais également engager la conversation avec un passant pour faire croire que l'on était ensemble. Comme les suiveurs avaient pour cible une personne seule, devenir un duo pouvait perturber leur passage de relais. Inversement, nous pouvions nous aussi mener des filatures, soit seul à pied, soit en voiture avec plusieurs véhicules.

S. J. : Chez nous, le terme « contre-filature » était différent : cela signifiait qu'un autre membre du KGB surveillait discrètement l'un de nos officiers traitants sur son itinéraire de contrôle pour s'assurer que celui-ci n'était pas filoché par des services étrangers. À l'époque, nous n'utilisions pas de relais radio dans ces cas-là car il n'existait pas de récepteur-émetteur suffisamment petit. Nous disposions seulement de « bipeurs » qui nous permettaient de communiquer par le biais d'un codage basé sur le nombre de vibrations. La technique citée par François de refaire ses lacets est vite faillible : si celui qui vous suit constate que vous marquez plusieurs arrêts, il va vite se douter qu'il est repéré. Pour semer un suiveur, il existait des techniques plus sophistiquées. Il fallait avant tout se comporter le plus naturellement possible sans jamais montrer que l'on se préoccupait d'être filé. En parallèle, nous prenions des précautions plus appropriées, comme utiliser le wagon du métro le plus éloigné de l'unique sortie d'une station. Pourquoi ? Parce que, lorsque vous descendiez en dernier sur le quai, tous les autres passagers se retrouvaient forcément devant vous pour gagner la sortie. Si l'un d'eux était chargé de vous suivre, vous le remarquiez tout de suite sans avoir à vous retourner quand il marquait un arrêt. Vous aviez le temps de l'identifier sans effectuer le moindre geste suspect. Concernant les techniques énoncées par François pour rompre une filature, j'ajouterai aussi un bémol. Au KGB, si nous constations que nous étions filés, nous annulions l'opération en cours, comme une rencontre avec un agent, par exemple. Car si l'on tentait de rompre la filature avec un bâtiment doté de plusieurs sorties, nous indiquions au service adverse que l'on se savait suivi. C'est une sorte de confirmation que nous étions des espions et qu'il était pertinent de nous surveiller. Résultat : la prochaine fois, le service adverse allait mettre davantage de moyens pour nous suivre. Au lieu d'avoir affaire à une petite équipe de deux ou trois personnes, nous aurions droit à dix fois plus d'hommes à nos trousses avec des véhicules équipés. Le mieux était de faire en sorte que ceux qui nous surveillaient pensassent que nous ignorions leur présence. Dans le cas d'une opération importante impossible à annuler, alors il fallait créer une situation pour que le contre-espionnage estimât qu'il vous avait perdu par sa propre faute, et non parce que nous l'avions semé. C'était un principe fondamental chez nous : ne jamais provoquer le service adverse. Mieux valait l'endormir…

F. W. : Je suis plutôt d'accord. C'est d'ailleurs pour cette raison que nous évitions au maximum les rencontres physiques entre un OT et un agent. Pour transmettre des messages, nous utilisions deux méthodes : les boîtes aux lettres mortes et les boîtes aux lettres vivantes. Une boîte aux lettres morte est une fissure dans un mur ou un trou dans un champ à l'intérieur desquels nous pouvions discrètement placer des documents ou des instructions qui seraient récupérés. Une boîte aux lettres vivante est une personne qui transmet des informations entre l'OT et son agent. Utiliser un intermédiaire permet ainsi de couper la liaison entre eux afin d'empêcher le contre-espionnage de connaître leur relation. Ces boîtes aux lettres vivantes étaient d'« honorables correspondants », toujours des Français, jamais des étrangers.

S. J. : Au KGB, nous utilisions très peu la technique des boîtes aux lettres vivantes. Comme nous partions du principe qu'une opération de liaison était le chaînon le plus dangereux dans une mission d'espionnage, il fallait que le moins de personnes possible fussent concernées par la transmission des informations. Plus il y avait de chaînons de transmission, plus on risquait d'être démasqué. Une boîte aux lettres vivante signifiait qu'une personne supplémentaire était susceptible d'être interceptée, donc de dénoncer le réseau si elle était prise. Les boîtes aux lettres mortes étaient en revanche souvent utilisées par le KGB, sauf dans certains pays tropicaux où les cavités naturelles attiraient les scorpions et les serpents. En y mettant la main pour déposer des documents, l'OT ou l'agent risquait une morsure mortelle.

F. W. : Parmi les autres techniques, nous pratiquions l'ouverture de lettres par des moyens très simples : le plus souvent avec de la vapeur ou des produits chimiques. Cela permettait de refermer l'enveloppe sans que l'on s'aperçoive qu'elle avait été ouverte. Nous utilisions aussi les « encres sympathiques », qui rendent l'écriture invisible sur le papier. Celles-ci sont désormais tombées en désuétude. J'ai également eu des appareils photo dissimulés dans des attachés-cases ou des paquets de cigarettes. Pour espionner une conversation, la DGSE avait des canons spéciaux qui captaient les vibrations de la voix à travers les murs.

S. J. : Chez nous, c'était surtout le contre-espionnage et notre service technique spécialisé qui s'occupaient de la lecture du courrier avec un système de rayons X. Car, si les civils ne détectaient pas qu'une lettre avait été ouverte par de la vapeur, les services de renseignement adverses s'en rendaient compte immédiatement. D'autant que la plupart avaient recours à une colle spéciale qui ne se détachait pas avec de la simple vapeur. À mon époque, le KGB n'utilisait pas non plus d'encres sympathiques mais des carbones chimiques, dont les empreintes n'étaient développables qu'avec un procédé spécifique à chaque OT ou agent. Pour transmettre leurs informations, les agents étaient aussi dotés d'émetteurs radio qui condensaient les données. Quand ils passaient devant l'ambassade soviétique, il leur suffisait d'appuyer sur un bouton dans leur poche et en une seconde les informations étaient transmises. Chacun de nos postes à l'étranger, dénommés les « Rézidentouras », disposait de moyens techniques importants. Un officier radio de permanence était en charge de capter toutes les ondes radio avec un scanner. Les OT envoyaient par la valise diplomatique des documents sous microfilms, qui n'étaient, eux non plus, développables que par un procédé chimique spécial. Même si les microfilms tombaient aux mains des ennemis, ils n'étaient pas capables de les exploiter. Il était aussi possible de capter les conversations par un faisceau laser mais cela ne servait souvent pas à grand-chose du fait que tous les bâtiments sensibles de l'ennemi étaient équipés de protections spécifiques, donc ces techniques n'étaient utilisables que sur des édifices de peu d'intérêt. J'ai été très étonné que François dise dans son livre qu'il tenait toujours ses réunions dehors pour éviter les micros. Chez nous, c'était rédhibitoire car à l'extérieur toutes les conversations pouvaient facilement être écoutées à une portée de 500 mètres grâce aux micros directionnels très performants.

À Paris, le poste du KGB était situé au sein de l'ambassade soviétique, boulevard Lannes. Même notre propre ambassadeur ne pouvait pénétrer dans nos bureaux qu'avec l'autorisation du chef d'antenne. Tous les locaux du KGB disposaient d'une protection multiple. La DST pouvait placer autant d'hommes qu'elle voulait dans les bâtiments aux alentours, elle ne pouvait rien capter des propos qui s'y tenaient. Et, pour les conversations les plus sensibles, nous dispositions d'une « chambre spéciale », qui était une cage de Faraday où aucune onde ne pouvait entrer ni sortir. À l'intérieur, nous ne devions pas prononcer un seul mot, seulement écrire sur des bouts de papier. Pour les conversations opérationnelles, nous disposions de paires de casques intégraux liés par un câble avec un signal transmis par fibre optique, sans aucune possibilité d'être intercepté. Dès que nous menions une opération à l'étranger, nous devions respecter des procédures d'une grande précision, avec une équipe de plusieurs individus qui accompagnait l'OT. C'est encore une grande différence avec la DGSE : quand François était en poste à l'étranger, il était le seul de son service avec un codeur, qui était uniquement chargé des transmissions. Il devait donc se débrouiller avec les moyens du bord. Le KGB, lui, disposait d'antennes d'au moins une soixantaine de personnes actives, voire plus de cent pour les villes les plus importantes, comme Washington ou New York.

*Vous voulez dire que les pratiques des services français étaient insignifiantes, comparées à celles du KGB ?*

S. J. : Je crois surtout que François ne veut pas révéler les techniques secrètes de la DGSE pour éviter d'avoir des ennuis avec son ancien service *(rires complices)*. Il se contente donc d'énumérer les méthodes de base sans aller plus loin dans ses révélations. Il est vrai que François et moi avons désormais deux statuts bien distincts. Je suis un exilé qui a rompu avec son pays natal et son ancien service, je vis sous la protection d'un pays étranger. Je peux donc raconter tout ce que je veux, je ne pourrais pas aggraver mon cas vis-à-vis de mes anciens employeurs. Si la Russie parvenait à me rapatrier par force ou par ruse, je serais de toute façon jeté en prison pour quinze ou vingt ans au minimum. Mais la justice française ne va pas poursuivre un réfugié politique pour ses révélations, même si la Russie le lui demandait. Alors que, si François racontait tout ce qu'il savait, il serait sans doute poursuivi pénalement.

F. W. : En tant qu'officier traitant, on a l'habitude de mentir. Si vous me demandez : « La DGSE procède-t-elle à des écoutes ? », je vous répondrai : « Non, pas du tout », alors qu'elle en fait tout le temps et que j'en ai moi-même réalisé. Cela fait partie de ma culture de ne pas révéler certaines choses. Cela n'empêche pas que les procédés que j'ai énumérés et que Sergueï juge obsolètes se révélaient tout de même très utiles à l'époque. Les techniques les plus simples restent souvent les meilleures. Par exemple, j'utilisais toujours une astuce que Sergueï va sans doute qualifier de « has been » *(sourire)* : pour m'assurer que ma chambre d'hôtel n'avait pas été « visitée » durant mon absence, je positionnais un cheveu à un endroit très précis sur l'ouverture d'un tiroir. Si, à mon retour, le cheveu avait bougé, c'est que quelqu'un était venu.

S. J. : Je confirme : c'est bien une technique « has been » *(sourire)*. Comme il s'agit de la première astuce que l'on apprend dans les centres de formation du monde entier, n'importe quel membre des services de contre-espionnage qui visitait une chambre repérait le cheveu au premier coup d'œil et le replaçait au millimètre près. Une chambre qui doit être fouillée à l'insu de ses occupants est toujours préalablement photographiée sous tous les angles et les clichés sont agrandis par cent pour qu'aucun détail ne nous échappe. Le KGB connaissait l'ensemble des techniques utilisées par les services étrangers. Toutes celles que relate François représentent à mes yeux des usages d'amateurs. Cela ne signifie pas qu'elles ne fonctionnaient pas, mais elles ne pouvaient pas faire le poids face à une équipe d'espions professionnels. À notre époque, le KGB avait déjà opéré la bascule vers l'espionnage électronique. Prenons l'exemple des filatures: dès les années 1960, notre service posait une balise radio sur une voiture, ou un traceur par isotopes radioactifs sur les cibles, et pouvait les suivre de loin sans se faire remarquer. Tous les artifices pour nous semer étaient alors vains. En revanche, je rejoins François sur un point: mieux valait compter sur la ruse que sur des appareils technologiques qui donnaient souvent un faux sentiment de sécurité. D'autant qu'à notre époque la technique était loin d'être toujours fiable: un appareil photo pouvait prendre des clichés voilés et un enregistrement pouvait se révéler inaudible. Sans oublier que la durée de vie des batteries de nos appareils était encore très limitée. Seule la mémoire d'un OT était véritablement sûre. Ce n'est plus le cas aujourd'hui car la technologie a connu un gigantesque bond en avant. Les appareils de pointe sont à présent à la portée de tous. Il suffit de taper « gadgets espions » sur Google pour obtenir 4 millions de réponses. Dans n'importe quelle boutique, un particulier peut désormais acheter tous les appareils dont nous rêvions à l'époque. Comme un détecteur de présence pour votre domicile relié à votre téléphone, avec des caméras qui diffusent les images en direct. À côté, le cheveu de François fait bien pâle figure… *(Rire.)*

*Dans le monde du renseignement, une entité particulière est entourée de zones d'ombre: le service action.*

S. J. : C'est la nature même d'un service action que d'agir dans l'ombre. Par définition, toutes les opérations d'un tel service qui ont été rendues publiques sont celles qui ont échoué. Celles qui réussissent demeurent secrètes. Même les liquidations d'individus passent pour des accidents, sauf si elles ont vocation à être révélées pour marquer les esprits. Le service action de la DGSE est l'un des rares à être connu du grand public ; le plus souvent, la population d'un pays ne connaît même pas le nom de ce type de structure.

F. W. : C'est vrai mais tout ce qui est dit sur notre service action dans les médias, les films ou les romans relève bien davantage du fantasme que de la réalité. Lorsqu'il a évoqué publiquement les opérations « homo[1] » du service, François Hollande en a sans doute trop dit, cela lui a d'ailleurs été reproché. Pour bien fonctionner, un service action doit conserver ses activités secrètes. La plupart du temps, toutes ses opérations sont d'ailleurs camouflées. Si un individu meurt d'une maladie ou d'une crise cardiaque, comment soupçonner qu'il s'agit d'une liquidation planifiée ? Nul ne le saura jamais. Même en interne à la DGSE, nous en savions le minimum sur notre propre service action. Le seul moment où j'ai pu l'approcher fut lors du stage de trois mois que j'y ai effectué au cours de ma formation initiale, d'abord à Cercottes puis sur la base d'Ajaccio. Le service action comptait à l'époque un effectif d'une cinquantaine de personnes, pas plus. Ils utilisaient des moyens souvent sophistiqués qui leur permettaient d'être hautement performants. Lors de mon stage, j'avais été impressionné par tous les types d'explosifs qu'ils utilisaient, avec des dispositifs de dissimulation. Nous avions surtout des contacts avec les instructeurs, nous ne croisions les membres du service que lors des repas à la cantine. Ils ont raconté certaines anecdotes sur leurs missions — anecdotes que j'ai oubliées aujourd'hui… Pendant toutes mes années à la DGSE, je n'ai plus jamais eu aucun contact avec eux. Même quand j'étais en poste dans des pays où ils intervenaient, je n'ai pas eu connaissance de leur présence. Tout

1. Opération qui consiste à éliminer un individu par assassinat ou enlèvement.

était cloisonné à la DGSE : nous ne savions rien de ce qui se passait dans les autres secteurs et c'était très bien comme ça.

S. J. : Le KGB possédait plusieurs services de ce type, comme le détachement « Vympel » qui était l'équivalent du service action de la DGSE ou le détachement « Alpha » qui peut se comparer au GIGN. Avant guerre, notre service action était surtout utilisé pour exécuter ou kidnapper les traîtres qui avaient fui à l'étranger ou les rivaux politiques de Staline. Ceux-ci étaient soit rapatriés de force en URSS pour être jugés et condamnés à mort, soit exécutés sur place. Des opérations de ce type ont eu lieu en France, où de nombreux Russes blancs s'étaient expatriés après la révolution de 1917. Mais la plus célèbre s'est déroulée au Mexique, avec l'assassinat de Trotski en 1940. Les opérations de nos services action se sont ensuite multipliées au cours de la Seconde Guerre mondiale avant de devenir beaucoup plus rares lors de la guerre froide. Lorsque s'est ouverte la période Andropov, les assassinats ont quasiment disparu en faveur, si l'on peut dire, d'opérations du type guérilla sur les continents africain (Angola et Mozambique) et sud-américain (Nicaragua). Un sursaut ponctuel est apparu en 1979 au moment de l'intervention de l'armée rouge en Afghanistan. Le service action du KGB, dirigé par le général Drozdov, a alors effectué des opérations sur place, comme la prise d'assaut du palais du président afghan Hafizullah Amin, mais cette période n'a formé qu'une parenthèse. Nous étions désormais davantage dans une logique de confrontation technologique et intellectuelle que sanguinaire. Sur le plan des effectifs, ces structures comptaient autour de 80 membres. Elles étaient véritablement tenues secrètes ; même moi je n'ai appris leur existence que lorsque je suis entré au KGB. Comme le reste de la population soviétique, je n'en avais pas entendu parler auparavant. Je n'ai d'ailleurs jamais rencontré quelqu'un de ce service par la suite et aucun de mes collègues n'en connaissait un quelconque visage. Pourtant le détachement spécial « Vympel » faisait partie de ma direction, celle des illégaux. Je connaissais le nom du chef du 8e département, le général Tolstikov, et le fait que leur base d'entraînement se trouvait à Balachikha, à l'est de Moscou, mais rien d'autre.

F. W. : L'affaire du *Rainbow Warrior* est l'emblème d'une opération ratée du service action de la DGSE. Elle a eu lieu alors que je me trouvais à Paris avant de repartir pour l'Éthiopie. Dès les premières informations diffusées par la presse, tout le monde à la centrale a compris l'ampleur que le scandale allait prendre. Notre direction nous a donné pour consigne de ne rien dire sur le sujet. Cela n'était pas très compliqué : je ne savais rien de plus que ce que les médias avaient relayé. Pourtant, à mon retour à Addis-Abeba, beaucoup de gens m'ont interrogé sur le sujet. Une autre opération a aussi été beaucoup médiatisée en 2013, lors de la tentative de libération d'un officier de la DGSE pris en otage en Somalie. L'intervention a échoué et l'officier français a été exécuté par ses ravisseurs. Je me souviens aussi qu'en 2019 un homme de la DGSE avait été tué par balles en Haute-Savoie. Peu de temps auparavant, il avait été mis en examen avec d'autres membres du service pour un projet d'assassinat sur le sol français d'un opposant au président congolais Denis Sassou-Nguesso. Les exemples d'opérations ratées connues du public restent cependant très rares. Cela signifie sans doute que nous sommes un service efficace *(sourire)*.

S. J. : Chez nous, l'une des plus célèbres opérations ratées est la tentative d'assassinat de Jean-Paul II. L'individu qui a tiré sur le pape était d'origine turque mais il avait été envoyé par les services bulgares sur directive du KGB. Je n'ai pas eu personnellement accès à des preuves dans ce dossier mais les éléments rapportés par ceux qui ont travaillé sur le sujet[1] laissent peu de doutes sur la réalité des faits. Il est quasiment acquis que le KGB était derrière cette opération. Jean-Paul II gênait beaucoup l'URSS : un Polonais anticommuniste qui jouissait d'une aussi grande popularité internationale était ce qu'il pouvait arriver de pire à notre propagande. Pour s'en débarrasser, le KGB avait utilisé les services bulgares du fait que, depuis les années 1970, il évitait d'apparaître lui-même en première ligne pour ce genre d'opérations, préférant sous-traiter la basse besogne à des pays frères. Pourquoi n'en avais-je pas entendu parler en interne ? Parce que le principe de cloisonnement était toujours le même : nous n'avions jamais accès à des informations sur une opération dont nous n'étions pas partie prenante. Les bruits de couloir n'existaient pas chez nous. Si vous faisiez une pause avec un collègue, vous discutiez de tout sauf de votre travail. Si vous vous amusiez à évoquer des infos sur un dossier, vous étiez aussitôt renvoyé ou arrêté !

*Quels types d'hommes composaient les services action ?*

S. J. : Ils devaient non seulement être costauds physiquement mais aussi capables de réfléchir. Ils n'étaient pas des brutes épaisses comme nos paras ou les hommes service action du GRU[2]. Ils maîtrisaient les arts martiaux, au point d'être capables de tuer à main nue, mais ils devaient aussi savoir s'exprimer dans des langues étrangères. Pas couramment comme des linguistes ou les illégaux, mais

1. Dont la journaliste française d'origine bulgare Roumiana Ougartchinska, dans son livre *La Vérité sur l'attentat contre Jean Paul II*, Presses de la Renaissance, 2007.
2. Glavnoyé razvedovatelnoyé oupravlényé (Direction générale des renseignements de l'état-major des forces armées sous le commandement du ministre de la Défense).

suffisamment pour se débrouiller dans les pays où ils étaient envoyés. Le plus important était qu'ils puissent se noyer dans la masse. Leur cible ne devait pas comprendre au premier coup d'œil à qui elle avait affaire. C'est pour cette raison qu'ils devaient être physiquement banals et ne pas ressembler à des armoires à glace. La plupart d'entre eux étaient plutôt de petite taille et ne se démarquaient pas quand ils étaient habillés. Mais si vous les croisiez en maillot de bain, vous constatiez qu'ils étaient tout en muscles. D'une certaine façon, ce sont eux qui se rapprochent le plus de James Bond.

F. W. : C'était la même chose chez nous ! J'étais étonné de voir à quel point ces hommes ne payaient pas de mine au premier abord. Ils étaient des militaires avec de remarquables dispositions physiques et une grande force mentale. Je crois qu'ils suivaient une formation très spéciale sur le plan psychologique. Ils devaient être capables de conserver leur sang-froid, même dans les situations les plus extrêmes.

# 5. Les faux mythes

*Lorsque vous regardez des films de James Bond, y a-t-il des gadgets que vous auriez aimé avoir en mission ?*

F. W. : J'y ai souvent pensé car il s'agit d'appareils très sophistiqués qui simplifient la vie. J'aurais, par exemple, aimé avoir une montre dotée d'un signal d'alarme ou des lunettes avec des caméras intégrées. Mais je ne le répéterai jamais assez : les aventures de James Bond sont à mille lieues de notre réalité. Même dans les plus petits détails : j'ai toujours été étonné de la façon dont les acteurs qui jouaient James Bond se servaient facilement de leurs nombreux revolvers. Personnellement, je n'en avais qu'un et il était assez lourd à manipuler. Je ne me baladais donc pas au quotidien avec un pistolet à ma ceinture, d'autant que jamais un officier traitant ne garderait une telle arme sur lui avec une veste ouverte ! Alors qu'un OT est très rarement appelé à tirer sur quelqu'un, James Bond, lui, dégaine en un claquement de doigts dans n'importe quelle situation. Il faut aussi voir les coups qu'il encaisse sans broncher. Si je m'en étais pris un seul de cette puissance, j'aurais sans doute mis un mois à m'en remettre. Et je ne parle même pas de Sean Connery qui peut avoir un accident de voiture dans un ravin et ressortir du véhicule avec son costume impeccable et pas une mèche de cheveux qui dépasse. Quant aux derniers longs-métrages avec Daniel Craig, ils relèvent de la science-fiction et plus du tout de l'espionnage. Ce genre d'histoires sur les services spéciaux ont profondément imprégné l'inconscient collectif. Tout ce que le public connaît d'un service comme la DGSE provient de romans, de films ou de séries. Quand j'essaie d'expliquer à des gens la réalité de nos métiers, ils s'imaginent que je leur mens pour dissimuler une vérité que je n'aurais pas le droit de rendre publique. Cela est plutôt flatteur, pour l'ego, que l'on s'imagine que j'étais une sorte de Roger Moore ou de Pierce Brosnan, mais c'est bien loin de la réalité.

S. J. : Le KGB possédait un service chargé de lui fabriquer des gadgets de tous genres. C'est peut-être la seule chose qui s'approche de la réalité dans les films de James Bond. Mais seulement en partie car, la plupart du temps, les seuls appareils dont nous avions besoin étaient des caméras ou des micros dissimulés dans des objets usuels pour nous ou nos agents. Nous placions des micros n'importe où : dans des cravates, des ceintures, des casquettes, des bouteilles, des briquets, etc. Le service pouvait reproduire à l'identique n'importe quel objet qui se trouvait au domicile ou au bureau d'un individu que nous voulions surveiller. Il suffisait de subtiliser l'objet originel et de le remplacer par sa copie avec une caméra à l'intérieur. Parmi les gadgets modernes, j'aurais adoré avoir des lunettes connectées sur lesquelles défilent des informations comme sur un écran d'ordinateur. C'est sans doute cet appareil qui m'aurait été le plus utile durant mes années au KGB. De telles lunettes numériques existent aujourd'hui mais à notre époque cela relevait du fantasme. Lors d'une filature, le travail aurait aussi été facilité avec une veste ou un pantalon équipé de caméras dans le dos pour voir ce qui se passait derrière soi en toutes circonstances. Même si apprendre à marcher en regardant un écran sans tomber n'aurait pas été évident… De toute façon, chez nous les gadgets étaient surtout utilisés par les sources et les agents car c'étaient eux qui étaient en infiltration sur le terrain. Nous leur fournissions des moyens techniques pour photographier ou filmer discrètement des documents sensibles qu'ils ne pouvaient pas sortir de leurs locaux. Les gadgets n'étaient pas la panacée pour autant : utiliser une caméra dissimulée dans un stylo ou une montre facilitait l'espionnage mais cela représentait aussi un risque supplémentaire. Si la source se faisait démasquer, la présence d'un tel appareil servait de preuve irréfutable pour la confondre.

*L'un des plus grands mythes du KGB reste celui de l'espionne femme fatale.*

S. J. : Un mythe d'autant plus faux qu'en règle générale il n'existait pas de femmes espionnes au KGB. Cela tient davantage du fantasme sexuel, inspiré par des films et des romans, qu'au monde de l'espionnage. Sur les 320 élèves officiers d'une promotion de l'Institut Andropov, il n'y avait aucune femme. Durant mes trois années d'études, j'ai côtoyé trois promotions et je n'en ai pas croisé une seule. Il ne faut oublier que la société soviétique était très machiste. Dans notre pays, le rôle des femmes était de faire des enfants et s'occuper de la maison. Les uniques administrations qui étaient véritablement féminisées étaient les hôpitaux ou les établissements scolaires. Au KGB, dans les effectifs officiels, les seules femmes étaient des secrétaires, des professeurs de langues et des employées de ménage. Il ne pouvait y avoir de femmes officiers traitants car les dirigeants du service estimaient qu'elles ne seraient pas opérationnelles une fois par mois à cause de leurs règles. Ils ne supportaient pas l'idée qu'un officier de terrain se retrouve bloqué pour des raisons physiologiques durant une semaine alors qu'ils avaient besoin d'individus disponibles 24 heures sur 24, 365 jours par an. L'excuse était sans doute fumeuse mais c'était ce qui se disait. La caricature de la cruelle colonelle du KGB hypermasculinisée n'existe donc que dans les films.

Il y avait tout de même quelques exceptions : le KGB recourait à des femmes espionnes dans les périodes de guerre et il faisait appel à des agents femmes pour faire parler des individus sur l'oreiller ou manipuler des Occidentaux. Des employées de ménage pouvaient aussi être utiles pour voler des documents mais elles n'étaient pas membres du service pour autant. Le seul département où les femmes espionnes étaient admises était celui des illégaux. Cette mixité relevait d'une nécessité pragmatique : les illégaux étaient souvent envoyés à l'étranger en couple. Dans ce cas, l'homme était l'officier principal et la femme était son auxiliaire. Cela signifiait qu'elle servait avant tout de couverture à son « conjoint » et qu'elle avait seulement une fonction de radio ou de chiffrage. Dans les couples d'illégaux, l'homme et la femme s'espionnaient mutuellement en rendant des comptes au service sur leurs comportements respectifs. Le fait d'agir en binôme constituait une sécurité en termes de surveillance mais aussi un facteur d'équilibre mental pour des missions de très longue durée. Les futurs illégaux passaient les mêmes tests psychologiques que nos cosmonautes et les couples étaient sélectionnés en fonction de leur compatibilité. Une sorte de mariage arrangé, si l'on peut dire ! Les services étrangers n'étaient pas tous aussi sexistes : les Britanniques et les Israéliens employaient beaucoup plus de femmes dans le renseignement.

F. W. : Le rôle des femmes dans les services spéciaux engendre de nombreux fantasmes qui dépassent de très loin la réalité. Il y avait très peu de femmes aussi à la DGSE et la plupart travaillaient comme analystes. Toutes celles que j'ai connues étaient très compétentes dans leur domaine, que ce soit en aéronautique, électronique, politique ou économie.

Lors de ma formation, sur la vingtaine de personnes de ma promo, seulement deux étaient des femmes. L'une a été orientée dans un bureau d'analyse et l'autre s'est fait connaître lors de l'affaire du *Rainbow Warrior* : Dominique Prieur, la fausse épouse Turenge. Rares étaient celles qui devenaient officiers traitants car notre direction considérait qu'un OT devait être capable de s'intégrer à tous les milieux pour pouvoir remplir ses missions, ce qui n'était pas toujours possible pour des femmes. Par exemple : elles ne pouvaient pas opérer dans des pays musulmans où de nombreux responsables politiques et religieux auraient refusé de leur adresser la parole. Beaucoup de femmes étaient en revanche utilisées comme agents, notamment pour attirer des sources. C'était notamment le cas quand nous emmenions des ingénieurs ou des hommes politiques dans des clubs de strip-tease. Pour le coup, il ne s'agit pas d'un cliché : je l'ai moi-même fait ! Ai-je rencontré des beautés fatales dans le cadre de mes fonctions ? Non. Chez nous comme dans les autres services de renseignement, les femmes officiers ou analystes étaient engagées en raison de leur cursus universitaire ou de leurs connaissances dans un secteur industriel, pas pour leur physique. Des femmes ont été utilisées par le service pour des raisons charnelles, mais il s'agissait seulement d'« honorables correspondantes », qui pouvaient être rémunérées pour leurs prestations. Alexandre de Marenches, l'ancien responsable de la DGSE, l'a lui-même confirmé dans un livre[1]. Mais, comme je l'ai déjà dit, la séduction dans le cadre d'une mission n'était pas réservée aux femmes. Un officier traitant homme pouvait lui aussi être amené à séduire une cible pour obtenir des informations utiles. Et pareille mission était rarement

1. Christine Ockrent, Alexandre de Marenches, *Dans le secret des princes*, Stock, 1986.

confiée à des OT au physique ingrat… Ai-je dû le faire ? Une seule fois, il m'a été demandé de me rapprocher d'une cible féminine et d'avoir des relations sexuelles avec elle. C'est l'une des rares fois où j'ai refusé une directive de la centrale. J'étais marié et je ne transige pas sur certaines valeurs. Chacun possède sa propre limite éthique et la mienne est celle-là. Le service s'est montré compréhensif et ne m'en a pas tenu rigueur.

*Lorsque l'on évoque les gadgets mythiques, on pense aussitôt au fameux « parapluie bulgare ».*

S. J. : C'est un objet réel qui a été utilisé par le KGB et même précédemment par le NKVD. Il faisait partie des gadgets ancestraux, comme le bouquet de fleurs qui explose ou la boîte de chocolats empoisonnés. Ce parapluie a connu une grande renommée depuis que Georgi Markov, un dissident bulgare qui travaillait pour la BBC à Londres, avait été assassiné par ce moyen en 1978. Cette opération avait été montée conjointement par les services bulgares et le KGB. Tandis que dans la rue il attendait le bus, Markov avait ressenti une piqûre au niveau de la cuisse, un inconnu se tenant à côté de lui avec un parapluie à la main. Pris de fortes fièvres peu après, il décède trois jours plus tard. Il existe deux versions sur la technique utilisée lors de cette affaire : le poison aurait été inoculé par une seringue dissimulée dans l'embout du parapluie ou celui-ci aurait propulsé une capsule empoisonnée qui se serait plantée dans la chair. Le poison était un grand classique pour les assassinats ciblés de nos services. Dès la création de la Tchéka, un laboratoire *ad hoc* était chargé de créer des poisons de toutes sortes. Le KGB en a beaucoup utilisé dans les décennies qui ont suivi.

*Autre mythe lié à l'espionnage : la dent au cyanure.*

F. W. : Je n'ai jamais rien vu de semblable. Je peux affirmer avec une quasi-certitude qu'une telle pratique n'existait pas chez nous. Je comprends cependant la logique d'avoir sur soi un moyen de mettre fin à ses jours au cas où l'on se retrouverait dans une situation inextricable. Au Pakistan, j'ai été amené à visiter des prisons où étaient détenus des ressortissants français qui avaient été arrêtés pour trafic de drogue. Les conditions de détention y étaient insupportables. Si j'avais été emprisonné en pareil endroit, je ne sais pas ce que j'aurais fait…

S. J. : Cela n'existait pas non plus de notre côté. En revanche, des ampoules de cyanure étaient effectivement fournies à certains de nos agents. Cela existait notamment pendant la Seconde Guerre mondiale : tous les agents qui partaient à l'étranger en avaient une, tout comme les aviateurs envoyés en mission. Par la suite, le KGB en fournissait à tous ceux qui risquaient la prison dans le pays où ils opéraient. Un officier traitant sous couverture diplomatique est intouchable ; au pire, il sera expulsé s'il est pris la main dans le sac. Un agent de terrain, lui, ne bénéficie pas des mêmes protections. Il peut être arrêté par les services du pays d'accueil et être interrogé de façon très brutale. Des capsules étaient aussi données à ceux de nos illégaux qui étaient envoyés dans des régions où ils pourraient être torturés, comme au Moyen-Orient ou en Amérique latine.

*Dans l'inconscient collectif, la représentation de la DGSE est désormais influencée par la série* Le Bureau des légendes. *À quel point cette fiction est-elle réaliste ?*

F. W. : Je n'ai pas vu tous les épisodes mais j'ai pu constater que nombre d'éléments de cette série étaient très éloignés de la réalité. Certains éléments sont crédibles. Je considère par exemple que l'ambiance en arrière-plan est assez proche de ce que j'ai connu, notamment dans les questions que se posent les responsables de la centrale sur l'issue d'une mission. Je trouve également plutôt bien retranscrites les craintes ressenties par les officiers traitants de se faire démasquer. Mais, pour le reste, on nage davantage dans le fantasme que l'on n'avance dans la recherche de la vérité. L'exemple le plus flagrant est le temps que les membres du service passent sous légende. Un individu normalement constitué ne peut pas rester plus d'un mois sous une fausse identité. Pourquoi ? Parce qu'il est très difficile de se maintenir dans un tel rôle aussi longtemps. Ce serait comme demander à un acteur de théâtre de jouer un personnage de Molière vingt-quatre heures sur vingt-quatre pendant je ne sais combien de temps. C'est irréalisable ! Quand j'ai travaillé sous légende, survenait toujours un moment où j'oubliais le métier que j'étais censé exercer. La DGSE envoie ses OT en mission sous légende pour quelques jours ou quelques semaines, jamais durant des années comme les personnages de la série. Les officiers traitants ne sont pas non plus amenés à se battre ou à tirer des coups de feu tous les quatre matins. Les scénaristes de fiction font souvent une synthèse entre la fonction d'OT et celle du service action, puis prennent de nombreuses libertés pour rendre leur récit plus romanesque. Un exemple : un chef d'une structure comme la DGSE ne se rend quasiment jamais sur le théâtre des opérations, et sûrement pas pour contrôler que tout se passe bien. Imaginer que mon propre chef soit venu m'inspecter quand j'étais en mission m'a fait sourire tant l'idée était grotesque. Quand j'ai vu que c'était le cas dans la série, je me suis dit que les auteurs faisaient preuve d'une grande méconnaissance de nos pratiques.

Autre invraisemblance : dans la série, la DGSE fait subir un faux enlèvement à l'une de ses OT avant son départ en mission afin de vérifier qu'elle était capable de résister à un interrogatoire musclé. Je n'ai jamais entendu parler de pareils procédés au sein du service. Avant leur départ, les OT étaient seulement testés par des psys afin de déterminer s'ils étaient aptes à mener des missions à l'étranger. Mais ils ne subissent pas des simulations d'interrogatoires et encore moins des enlèvements. Les commandos des forces spéciales suivent effectivement des entraînements de ce type lors de leur stage initial dans le cadre d'un exercice baptisé « coxage ». Les membres du service action de la DGSE le font sans doute aussi, mais pas les OT. Sauter dans un camion poubelle pour rompre une filature ? C'est plausible. Tout est bon pour disparaître aux yeux de ceux qui vous filent. Mais en réalité un officier traitant a rarement l'occasion d'appliquer ce genre de technique au cours de sa carrière. Apprendre une langue étrangère en un temps record avant une mission ? En réalité, il faut au moins plusieurs mois avant de maîtriser au minimum une langue. Dans le cadre de mes fonctions, j'ai suivi à deux reprises des cursus aux Langues O'[1] : pour étudier l'amharique avant mon départ en Éthiopie et l'ourdou avant celui pour le Pakistan. Sur place, cela m'a finalement très peu servi car tout le monde parlait anglais.

S. J. : En tant qu'ancien des services, j'ai tenu à visionner l'intégralité des cinq saisons de la série. Je suis très partagé sur *Le Bureau des légendes*. En tant qu'œuvre de fiction, c'est une réussite totale : le scénario est brillant, les acteurs sont excellents et la réalisation de haute tenue. Pour ce qui est du réalisme, il peut paraître crédible aux yeux du grand public mais pas pour les professionnels.

1. L'Institut national des langues et civilisations orientales.

Tout ce qui y est dit sur l'espionnage est faux. Prenons quelques exemples. La manière dont est présenté le siège du boulevard Mortier ? L'espace est aménagé en open-space avec des murs de verre qui permettent à n'importe qui de voir tout ce qui s'affiche sur les écrans d'ordinateurs en déambulant dans les couloirs. C'est visuellement impressionnant mais ce serait une hérésie dans le monde du renseignement car cela empêcherait de travailler sur des dossiers confidentiels. Pis : dans la série, quand un membre de la DGSE parle à une source, tous ses collègues entendent leur conversation. Y compris des ouvriers contractuels, qui effectuent des travaux dans les locaux supposés secrets sans que les activités s'arrêtent. Dans le domaine du renseignement où le principe fondamental est le cloisonnement de l'information, c'est tout de même ubuesque. Dans les locaux du KGB, ou à l'Institut Andropov, les noms des responsables et des secteurs ne sont jamais inscrits sur les portes comme dans une entreprise lambda. Il n'y a pas non plus de casiers individuels dans lesquels chacun range son petit kit du « parfait espion ». Un tel matériel est détenu uniquement par l'officier traitant et ne peut être récupéré qu'avec un document signé par ses supérieurs. Un personnage qui passe par le siège pour récupérer trois passeports afin de partir en cavale, cela ressemble aussi à une plaisanterie ! Le service que la série présente comme la DGSE est en réalité un peu copié sur le service des illégaux du KGB. Sauf que les supposés clandestins ne le sont pas vraiment : ils sont envoyés sur le terrain en tant que ressortissants français, avec seulement un faux nom sur leurs passeports. Le personnage de Malotru passe cinq ans en Syrie comme enseignant au lycée français ? Ce n'est pas de la clandestinité, c'est un travail sous couverture ! Et quand j'ai vu Malotru conserver ses faux papiers d'identité en prétextant qu'il les avait oubliés chez lui, j'ai sauté au plafond ! Dans la réalité, il aurait été illico mis dans une voiture entre deux hommes armés pour retourner les chercher. Des faux papiers, ce ne sont pas des documents qu'on laisse traîner chez soi !

Dans l'un des épisodes, une ancienne responsable du Bureau part pantoufler en Égypte comme *cheffe de la sécurité* d'un grand hôtel. Une femme occidentale cheveux au vent ne pourrait jamais occuper une telle fonction dans un pays musulman comme l'Égypte. Le personnage de Marina Loiseau n'est guère plus crédible dans sa couverture de chercheuse en Iran. D'autant qu'après son échec dans le pays des ayatollahs, la DGSE la renvoie en Azerbaïdjan. Vous pensez que les services azéris ignorent ce qui se passe chez leurs voisins ? Encore plus grotesque : Marina Loiseau est ensuite envoyée à Moscou, allié géopolitique de l'Iran et de l'Azerbaïdjan. Dans la réalité, un espion qui aurait été confondu en Iran et en Azerbaïdjan aurait été identifié par le FSB[1] dès qu'il aurait fait une demande de visa au consulat russe à Paris. Autre erreur : la prison du FSB de Léfortovo est présentée comme un établissement pénitentiaire de droit commun, avec des conditions de détention atroces. Si les prisons russes sont effectivement abominables, ce n'est pas le cas de celle de Léfortovo. Je suis bien placé pour le savoir car j'y ai subi des interrogatoires pour divulgations de secrets d'État en 2000-2001. Léfortovo ressemble davantage à un hôtel suisse et les prisonniers y bénéficient de conditions de vie relativement confortables. Les espions étrangers ou les traîtres russes qui y sont envoyés sont toujours seuls dans une cellule, sauf si l'on place avec eux un agent ou un indic du FSB — appelé une « couveuse » dans notre jargon — pour les pousser à des confidences.

1. Service fédéral de sécurité de la Fédération de Russie, qui a succédé au KGB après l'éclatement de l'URSS.

Les aspects techniques et technologiques ne sont guère plus cohérents. On peut voir deux membres de la DGSE en opération en Jordanie qui communiquent au téléphone en texte ouvert. S'ils le faisaient dans la réalité, ils seraient non seulement écoutés par les services jordaniens, mais aussi par les Israéliens et les Américains. Même s'ils utilisaient une ligne cryptée pour rendre les écoutes à distance plus difficiles, une conversation physique au Caire serait aisément captée par des micros et des caméras implantés dans les murs. Dans la plupart des pays arabes, tous les Occidentaux qui se trouvent sur place sont *a priori* considérés comme des espions. Ils sont donc surveillés par les services locaux tout au long de leur séjour. La prudence doit être de mise dans les autres pays aussi. Dans la série, les clandestins et les OT sous couverture discutent souvent sans prendre de précautions dans des lieux publics, alors qu'ils doivent évidemment être écoutés par le contre-espionnage. Cela ne les empêche pas d'échanger ouvertement sur leur mission, en mentionnant les noms de leurs collègues et des informations sur la DGSE. Je suis encore plus consterné par la naïveté avec laquelle sont présentés les services russes : la maîtresse de Malotru qui est supposée être une opposante au régime n'est même pas surveillée sur le sol national, le FSB oublie de poser des micros aux domiciles des contacts de Malotru, les tentatives de surveillances du service sont déjouées en un claquement de doigts, la DGSE parvient à contacter qui elle veut en Russie sans se faire repérer…

Sur le fond, une invraisemblance est encore plus flagrante : les membres de la DGSE sont tous présentés comme des alcooliques, des névrotiques, des schizophrènes ou des traîtres. Le renseignement français ne conserverait jamais dans ses rangs de tels individus qui seraient considérés comme aussi peu fiables. La série prend uniquement appui sur les défaillances et les perversités du système d'espionnage. Tous ceux qui sont censés travailler pour la DGSE et la République française passent leur temps à trahir, manigancer des coups bas, contester leur hiérarchie ou s'occuper de leurs histoires personnelles et de leurs névroses. Si je visionne cette série en tant que simple spectateur, je la trouve remarquable. Mais dès que je rebranche mon cerveau d'ancien du KGB, je la trouve ridicule. Il est d'ailleurs étonnant que la véritable DGSE utilise *Le Bureau des légendes* dans sa communication pour recruter. Car, si des fans de la série rejoignent un jour le service, ils risquent d'être très déçus en découvrant la réalité du métier. Je ne jette pas pour autant la pierre aux scénaristes, qui n'avaient pas d'autre choix que d'embellir la réalité. S'ils s'étaient contentés de décrire nos professions telles qu'elles sont vraiment, les téléspectateurs se seraient endormis au bout de cinq minutes. Notre quotidien d'OT était vraiment peu spectaculaire.

*Sergueï Jirnov, la série* The Americans *vous semble-t-elle davantage réaliste ?*

S. J. : C'est aussi une très bonne série, une réussite télévisuelle ! Mais elle ne reflète pas davantage les réalités du métier. Comme dans toutes les séries de ce genre, le principal élément romanesque est de montrer des espions en train de tuer des gens ou de commettre des actes terroristes. Tout cela est faux ! Dans l'espionnage, la principale différence entre la fiction et la réalité, c'est que notre activité se limite à recueillir des informations confidentielles. Nous ne sommes pas des hommes d'action, nous ne faisons pas exploser des ponts, nous ne pénétrons pas dans les bureaux du Pentagone en pleine nuit, nous ne courons pas sur les toits avec des mitraillettes. Les personnages de *The Americans* participent à de nombreuses opérations « chaudes », alors que ce ne serait pas leur fonction dans la réalité. Le problème est toujours le même : si vous n'ajoutez pas des armes, de la torture et du sexe, les séries sur l'espionnage seraient d'un ennui mortel.

*François Waroux, à la DGSE vous croyiez au mythe d'un KGB tout-puissant ?*

F. W. : Pas vraiment. Je n'ai jamais été obnubilé par le service soviétique, même si je sentais de façon diffuse sa présence lorsque j'étais en Éthiopie. Quand je me rendais à l'ambassade, je m'imaginais souvent être suivi par leurs agents. Mais ce n'est pas parce que le KGB comptait des effectifs bien plus nombreux que les nôtres que la DGSE souffrait d'un complexe d'infériorité. Au contraire : la dimension de la DGSE pouvait souvent se révéler être un atout et un gage d'efficacité.

S. J. : C'est l'orgueil qui parle *(rire)*. Plus sérieusement, le grand public avait une vision très caricaturale du KGB. La plupart des gens s'imaginaient que nos espions étaient des brutes taciturnes avec des dents en acier, comme on en voit dans les films. Or les espions étaient justement choisis pour leur profil passe-partout, ils ne devaient pas se distinguer de l'individu moyen. Pour lier des relations avec leurs cibles, ils devaient être plutôt avenants, d'un naturel sociable et bien s'exprimer. Quand j'avais été admis à l'ENA, nous étions deux Soviétiques : mon condisciple était la caricature d'un homme du KGB tout droit sorti d'un roman d'espionnage tandis que j'étais perçu comme un journaliste très sympathique. Tout le monde pensait que c'était l'autre qui était missionné par le service alors que je n'étais jamais soupçonné. Comme quoi il ne faut pas se fier aux apparences !

*Pour vous, Sergueï Jirnov, le véritable mythe sur le KGB serait son omnipotence supposée ?*

S. J. : Oui. Du temps d'Andropov, le KGB rassemblait officiellement 420 000 individus, tous départements confondus. Pour un pays de 290 millions d'habitants, le ratio n'était pas si important que cela. D'autant que près de la moitié des effectifs étaient de simples gardes-frontières qui patrouillaient sur l'ensemble des contours du territoire. Ils étaient membres du KGB mais ils effectuaient un simple travail de gardiennage, ils étaient des soldats, pas des espions. Sur les 200 000 membres restants, seuls 10 000 appartenaient à la première direction générale qui gérait l'espionnage. Un chiffre presque ridicule ! Nous étions certes un service bien plus important que la DGSE, mais en aucun cas un géant tout-puissant. Notre activité extérieure était surtout concentrée dans les pays qui comptaient, comme les États-Unis, à Washington et à New York. Nous avions aussi beaucoup d'agents dans des villes qui accueillaient les principales organisations internationales, comme Genève ou Bruxelles. Mais le mythe selon lequel notre présence était importante sur l'ensemble du globe est très exagéré. Certains ouvrages français qui prétendent que le KGB avait infiltré ses hommes partout dans votre pays sont inexacts. Même si le chiffre avancé de 2 000 agents soviétiques en France est crédible, ce n'est pas grand-chose à l'échelle d'un pays de 60 millions d'habitants. Nous n'avions pas besoin de placer des hommes du KGB partout car dans tous les pays qui avaient un Parti communiste nous disposions d'une cinquième colonne. La fable qui prétend que le KGB connaissait tous les secrets des pays étrangers est elle aussi très excessive. En réalité, il ne s'agissait que de secrets de polichinelle. Avec le nombre de trahisons et d'interpénétrations entre les services, aucun pays ne pouvait garder un secret bien longtemps. Le KGB est sans doute l'un des services qui a connu le plus de retournements. Rien qu'avec les cas rendus publics, je peux citer une centaine de noms de traîtres de nos services. C'était la même chose chez les Occidentaux : il y a tellement de traîtres partout que les secrets étaient sans cesse transmis d'un camp à l'autre. Tous les services de renseignement savent ce qu'ils ont à savoir des adversaires. Sur le moyen terme, ni les Américains ni nous-mêmes n'étions capables de dissimuler quoi que ce soit. Quant au supposé « superéquipement » du KGB, cela a été ma plus grande déception lors de mon arrivée à l'Institut Andropov. Notre première leçon lors de notre formation initiale avait été de taper à la machine à écrire mécanique. Même pas électrique, mécanique ! Nous étions pourtant en 1984, à une époque où, aux États-Unis, des millions d'adolescents avaient déjà un ordinateur dans leur chambre. Chez nous, au sein de l'élite de l'élite, l'ordinateur personnel n'était qu'un doux rêve.

À la fin du règne de Boris Eltsine, on a vu naître un autre mythe : celui qui prétend que Vladimir Poutine aurait été un grand espion du KGB. C'est lui-même qui a fabriqué sa propre légende pour des raisons politiques. Lorsqu'il a été choisi pour remplacer Eltsine gravement malade, le fait d'avoir été membre du KGB était censé lui offrir une grande popularité au sein de la nation. Pour renforcer ce mythe, de nombreuses contre-vérités sur son passé au sein du service d'espionnage ont été véhiculées par des communicants rémunérés dans cette optique. Un seul livre donne une version relativement exacte sur son parcours : *Première personne. Conversations avec Vladimir Poutine*[1], publié en

1. Vladimir Poutine, avec les journalistes Natalia Guevorkian, Natalia Timakova et Andreï Kolesnikov, *Première personne. Conversations avec Vladimir Poutine*, édition française : So Lonely.

2000. Cet ouvrage ne relate pas non plus la stricte vérité, il faut être un ancien du KGB comme moi pour savoir lire entre les lignes et interpréter les informations fournies.

Les neuf premières années de la carrière de Vladimir Poutine au KGB, de 1975 à 1984, se sont déroulées dans un service provincial de contre-espionnage, à Leningrad. Cela signifie que le futur président était l'équivalent d'un officier français qui travaillait pour une antenne de la DGSI à Lyon ou à Strasbourg. Il n'est pas entré au KGB comme officier de carrière ; à ses débuts, il était seulement consultant juridique. Il est ensuite passé officier titulaire de contre-espionnage dans la police politique, pour travailler contre les dissidents. Durant les JO de 1980, il a été envoyé pendant huit mois à Moscou pour assurer la sécurité. Une fonction bien éloignée de celle d'un OT. Ensuite, quand il est enfin passé dans la Première direction, celle de l'espionnage, il a seulement opéré sur le territoire soviétique. Quand il est entré à l'Institut Andropov pour devenir un véritable espion, il avait été mal noté. Au cours de sa formation, il a même été arrêté par la police pour une bagarre de rue, lors de laquelle il s'est fait casser le bras. Pour un futur espion, il s'agit d'une faute professionnelle car on nous apprend à éviter à tout prix d'avoir affaire à la police. La seule fois où il été envoyé en poste à l'étranger, c'était en RDA, en effet un pays communiste où l'URSS n'avait pas besoin de véritables espions ; il n'était donc qu'un simple membre de la représentation officielle du KGB. Il n'était même pas en poste à Berlin, qui représentait une zone stratégique, mais à Dresde au sein d'une antenne régionale de la Stasi. À son retour de la RDA en 1990, Poutine n'a pas été non plus propulsé au centre de Yassénévo, mais il a fini sa carrière à Léningrad. Appartenir au KGB était en soi faire partie d'une élite, mais il n'y était qu'un membre de quatrième ordre…

*Cela signifie que Vladimir Poutine construit sa légende dans la Russie actuelle comme le faisaient par le passé les dirigeants de l'ex-URSS ?*

S. J. : En quelque sorte. À la nuance près que, dans la Russie d'aujourd'hui, le pouvoir n'a plus tout à fait le monopole de l'information. Des médias d'opposition et les réseaux sociaux relaient les rumeurs à son sujet, notamment celles liées à son orientation sexuelle, sans que personne ne soit mis en prison. Savoir si Poutine est gay ne m'intéresse pas en soi, mais à partir du moment où son régime a créé un climat d'homophobie et introduit des mesures législatives controversées sur l'homosexualité, ce sujet est devenu politique. Un autre sujet lié à Vladimir Poutine fait depuis longtemps l'objet de rumeurs : l'utilisation de sosies. Des bruits en ce sens ont commencé à circuler dès son arrivée au pouvoir. De nombreuses photos de ses apparitions publiques ont été examinées avec minutie pour pointer du doigt les différences morphologiques, notamment la forme des oreilles. Ses contempteurs ont estimé qu'au moins trois personnes différentes étaient apparues sous les traits de Vladimir Poutine. À titre personnel, je ne trouve guère choquant qu'un homme politique utilise un sosie pour des événements officiels sans intérêt. Les anciens dirigeants de l'URSS, comme Staline ou Brejnev, l'ont fait en leur temps. Après tout, pourquoi un chef d'État d'une nation aussi importante perdrait-il du temps à inaugurer des chrysanthèmes ? Mais dans le cas de Poutine l'utilisation de sosies aurait une autre utilité, puisque la rumeur prétend qu'elle servirait à masquer l'état de santé déclinant du Président, voire sa mort supposée. Certains vont même jusqu'à soutenir que le vrai Poutine est décédé lors de son premier mandat et qu'un sosie a pris sa place depuis. Si je ne crois pas à la thèse du décès, les allégations sur sa maladie semblent davantage tenir la route. Force est de constater que depuis quelques années Poutine affiche un visage bouffi. Cette dégradation de son apparence pourrait être due aux effets secondaires de piqûres de cortisone, comme c'était le cas pour Georges Pompidou à la fin de sa vie, mais cela pourrait tout autant être le résultat d'injections de botox. Les insinuations sur une maladie grave pourraient d'ailleurs être utiles au président russe. Non seulement parce qu'elles peuvent susciter la compassion de l'opinion, mais aussi pour des raisons stratégiques. Poutine est aujourd'hui bien moins populaire qu'il ne l'était lors de ses premiers mandats. Il se retrouve donc affaibli politiquement, au point que certains cercles du pouvoir seraient tentés d'organiser sa succession anticipée. Or pourquoi ceux-ci prendraient-ils le risque d'organiser un putsch s'ils sont convaincus qu'ils n'ont qu'à attendre un peu pour que la maladie produise son effet ? À leur époque, Staline et Brejnev avaient laissé durant des années courir des bruits sur leur santé déclinante afin de calmer les ardeurs de ceux qui souhaitaient prendre leur place. La Russie d'aujourd'hui est donc toujours à l'image de l'URSS : un système qui repose sur une seule personne, même lorsque celle-ci est vieillissante.

# 6. La foi en son système

*Dans les années 1980, les officiers du KGB croyaient-ils encore à l'idéologie communiste ?*

S. J. : C'est une question intéressante car le Parti communiste était au cœur de notre action. Le premier destinataire des renseignements que le KGB obtenait était le Comité central du Parti, pas le gouvernement. Quand un rapport d'un officier traitant remontait jusqu'au bureau politique du Comité central, c'était comme si Dieu le Père avait lu votre prose. Mais la vérité, c'est que, dans la seconde moitié des années 1980, plus personne ne croyait encore au communisme en URSS, à l'exception des purs doctrinaires. Le PCUS[1] était pourtant présent dans l'ensemble des strates de la société, au KGB comme ailleurs. Tous ceux qui travaillaient au KGB étaient membres du PCUS. Le Parti était organisé en cellules sur l'ensemble du territoire soviétique. Dans chaque école, chaque entreprise, chaque immeuble, il existait une cellule. Au sein de notre unité du KGB, nous avions donc notre propre cellule qui tenait une réunion hebdomadaire. Avoir un rôle actif au sein d'une cellule était très bien perçu au sein du KGB, au point d'être avantagé pour certaines missions. Les responsables de ces structures profitaient d'ailleurs du pouvoir qui leur était octroyé, c'était le syndrome des « petits chefs ». Tout cela

1. Parti communiste de l'Union soviétique.

n'était qu'un décorum pour continuer à maintenir l'autorité du pouvoir à travers une organisation très quadrillée. Sur le fond, tout le monde savait que notre système était très loin d'être le meilleur au monde et que nous n'imposerions pas le communisme au reste de la planète.

*Dans votre cas, quand avez-vous cessé de croire au communisme ?*

S. J. : Mon rapport au communisme était différent de celui des générations précédentes. Je n'avais pas connu la toute-puissance du pouvoir soviétique. Je suis trop jeune pour avoir vécu l'époque des purges staliniennes, lors desquelles il suffisait de raconter une blague sur Staline pour être envoyé au goulag. J'ai grandi sous Brejnev et Andropov, qui étaient quasiment perçus comme des sociaux-démocrates. En URSS, le dernier vrai communiste au pouvoir avait été Khrouchtchev. Lui y croyait encore, après c'était fini. Les hiérarques soviétiques qui ont organisé le putsch de 1964 pour destituer Khrouchtchev étaient déjà des petits-bourgeois qui croyaient au capitalisme, même s'ils ne pouvaient pas le dire ouvertement. À partir de ce moment-là, une véritable schizophrénie s'est installée en URSS : il existait un abîme entre ce que les dirigeants disaient, pensaient et faisaient.

J'avais été bercé par un discours idéologique depuis ma naissance et j'en étais imbibé. Quand on est enfant en URSS, on n'a aucune approche critique vis-à-vis du communisme, à l'exception de ceux qui grandissaient dans des familles de dissidents. Vous croyez au discours officiel de l'école et des parents. Mon premier changement de paradigme est intervenu à l'adolescence. Quand on commence à réfléchir, on bute vite contre les contradictions. Je me rendais compte qu'il existait une histoire cachée derrière le récit officiel. Vers 18 ans, j'ai lu des livres qui m'ont permis de découvrir une autre version des faits historiques. Je ne peux pas dire que je suis devenu anticommuniste dès cette époque mais au moins un peu agnostique. Lorsque j'ai fait mes études, cela ne m'a pas empêché d'être nommé responsable des Jeunesses communistes. J'ai exercé mon rôle très sérieusement mais j'avais compris que le discours que je devais tenir lors des réunions différait beaucoup de ce que je croyais.

*Vous conserviez tout de même la fibre patriotique ?*

S. J. : Pour ne pas devenir fou, il faut bien se créer une raison. On s'invente un patriotisme au sens premier du terme : l'amour de la terre de ses parents. Dans ma tête, je dissociais donc le Parti, le régime et la nation. L'intérêt du peuple et du pays dominait toujours dans mon esprit. En entrant au KGB, j'estimais que, même si le régime se fourvoyait, j'agissais dans l'intérêt de l'URSS. Les motivations pouvaient être plus cyniques. Dans les années 1980, sans doute les deux tiers de ceux qui entraient au KGB le faisaient pour avoir l'opportunité d'être envoyés dans un pays occidental. Ils savaient qu'ils seraient payés quatre fois plus que sur le territoire soviétique, qu'ils profiteraient des bienfaits de la société de consommation et qu'ils vivraient dans le confort. C'est pour cette raison que les officiers traitants se battaient pour partir en Europe de l'Ouest ou en Amérique du Nord, et non en Éthiopie ou au Pakistan, comme François. Il s'agissait uniquement d'une approche carriériste avec en ligne de mire la volonté de vivre mieux. Cet aspect matériel n'existait pas dans les structures occidentales comme la DGSE. En tant que Français, vous n'aviez pas besoin d'entrer dans les services spéciaux pour obtenir la liberté de circulation. Il vous suffisait de faire du tourisme. Si vous vouliez bien gagner votre vie, mieux valait faire carrière dans le secteur privé ou créer votre entreprise. Chez nous, les perspectives de s'enrichir étaient quasi nulles en restant au pays. Pour un Soviétique, entrer au KGB c'était s'octroyer ce que ses concitoyens n'avaient pas : la liberté de partir et la réussite matérielle. Cela attirait nombre d'opportunistes dont la motivation n'avait rien à voir avec le patriotisme.

*Cela avait-il des répercussions sur leur activité dans les pays étrangers ?*

S. J. : Bien sûr ! Beaucoup de nos officiers de renseignement se contentaient du service minimum. Ils cherchaient surtout à ne pas se mettre en danger quand ils étaient sur le terrain pour éviter d'être renvoyés en URSS par le contre-espionnage d'en face. Ils évitaient même de récupérer des sources importantes du fait que cela augmentait le risque qu'ils soient repérés. Ils préféraient rester en France comme officier lambda plutôt que de rentrer au pays en héros du service. Cela signifie que, dans les années 1980, ce KGB que les Occidentaux pensaient encore si efficace partout dans le monde était devenu un repaire d'individus qui en faisaient volontairement le moins possible.

*François Waroux, de votre côté, aviez-vous parfois des doutes sur le système du pays que vous serviez ?*

F. W. : Non, jamais. La France est une démocratie, il n'existait pas comme en URSS un parti idéologique qui dirigeait le pays. Nous avions la liberté de penser, la liberté d'expression et la liberté de circuler. Je n'ai jamais ressenti de pression idéologique à la DGSE. Le seul doute que j'ai pu avoir était d'une tout autre nature, il concernait mon destin si je me retrouvais capturé à l'étranger dans le cadre de mes fonctions. Si j'étais dans une situation inextricable, j'ignorai si le service remuerait ciel et terre pour me récupérer ou s'il finirait par m'abandonner à mon sort. Je n'avais aucune idée du degré d'importance que m'accordait la centrale et des moyens qu'elle serait susceptible de mettre en œuvre pour moi. Après tout, je n'étais guère indispensable à la marche du service. Cette idée ne m'obsédait pas mais il m'arrivait parfois de m'interroger sur le sujet. Je me pose encore la question aujourd'hui.

*Quelle était l'ambiance au sein de la DGSE lors de l'élection de François Mitterrand en 1981, alors que le président socialiste avait affirmé par le passé qu'il supprimerait les services spéciaux s'il parvenait au pouvoir ?*

F. W. : Il ne l'a finalement pas fait ! Avec l'arrivée des socialistes au pouvoir, il a existé une crainte que tout soit chamboulé dans l'esprit des Français de droite, dont je faisais partie. Mais il s'agissait d'une angoisse de citoyen, pas d'officier traitant. Au sein de la DGSE, nous avons conservé la même liberté d'action. L'arrivée de ministres communistes nous a-t-elle fait peur ? Non. À nos yeux, le communisme restait l'ennemi n° 1 parce que nous étions encore en période de guerre froide, et cela n'a pas changé avec des membres du PCF au gouvernement. Le pouvoir politique avait beau avoir changé, cela n'a eu aucun effet en interne à la DGSE. Nous vivions dans une sorte de bulle avec des collègues qui pensaient comme nous. Alors, gouvernement de droite ou gouvernement de gauche, nous étions comme des poissons dans l'eau au sein du service ! Quel que soit le président de la République, j'étais au service de la France et je faisais mon métier avec cette idée ancrée en moi. Les membres du renseignement étaient rarement très à gauche mais cela pouvait tout de même arriver. J'ai connu un saint-cyrien de la DGSE qui émargeait au Parti communiste français. À mes yeux, c'était inconcevable ! Je ne comprenais pas comment il avait pu entrer au service alors que les enquêtes sur les candidats vérifiaient qu'ils n'avaient aucun contact avec des communistes. Cela signifiait qu'il y avait parfois une faille dans nos services spéciaux.

S. J. : Au KGB, nous avions eu comme information que l'arrivée de ministres communistes au gouvernement avait créé de fortes inquiétudes dans tous les services spéciaux français. C'était davantage le cas à la DST qu'à la DGSE. Comme ils opéraient à l'étranger, les membres de la DGSE étaient bien plus au service du pays que du gouvernement. Pour le contre-espionnage, c'était un peu différent… En 1982, lorsque Andropov a pris la tête de l'URSS, le KGB a vécu une situation inverse. Durant six mois, une véritable euphorie s'est emparée du service. Le fait que l'ancien président du KGB soit à la tête de l'État signifiait pour nous que le service avait pris le pouvoir. C'était désormais l'un des nôtres qui dirigeait le pays.

*Cela a donc dû être la douche froide en 1985 avec la perestroïka de Mikhaïl Gorbatchev ?*

S. J. : C'est peu de le dire. L'arrivée de Gorbatchev à la tête du Parti et de l'URSS a provoqué une déflagration au KGB. Ce n'était pas vraiment sa perestroïka qui nous inquiétait mais plutôt sa volonté de « glasnost » (transparence), en réalité notre mort programmée. Pour les services de l'ombre, le devoir de transparence était ce qui pouvait nous arriver de pire. Toute l'histoire cachée du KGB a commencé à être rendue publique. Le service l'a très mal vécu. Pour ma part, cela ne me posait aucune difficulté et je vivais très bien l'évolution du pays. La société s'ouvrait, c'était un formidable vent de fraîcheur. Nous avions enfin la liberté de discuter librement dans toutes les instances du PCUS et nous étions même encouragés à participer au changement. C'était assez cocasse, d'ailleurs : le KGB avait baigné dans toutes les sales besognes ordonnées par le Parti et désormais nos gouvernements nous demandaient de nous montrer critiques vis-à-vis de lui. Après 1989, j'avais pris conscience que je participais de l'intérieur à des événements historiques. Cela me sortait de la routine habituelle du travail d'espion de terrain. Lors du putsch contre Gorbatchev, les généraux ont tenté d'utiliser les membres du détachement « Vympel » du KGB mais ceux-ci ont refusé, arguant qu'ils avaient été formés pour intervenir à l'extérieur du pays et non pour agir contre leurs propres autorités nationales. C'était une forme de rébellion inédite chez nous.

Le KGB avait été l'un des principaux bénéficiaires de l'ancien système. À présent que l'URSS devenait amie avec les États-Unis, cela signifiait que les budgets du service allaient fondre car le pays, en difficulté économique, n'avait plus besoin de milliers d'espions. À la chute de l'URSS, le KGB a donc été plus ou moins démantelé. La population soviétique l'a plutôt mal vécu car il s'agissait d'un symbole. Dix ans plus tard, Vladimir Poutine a été considéré comme le Messie lorsqu'il a redonné du pouvoir aux services spéciaux. Plus il existe de tensions entre la Russie et l'Occident, plus les services en profitent. Cette logique est valable chez nous mais aussi dans le camp d'en face. La CIA avait vu ses budgets fortement diminués sous Gorbatchev, puis ceux-ci ont été revus à la hausse sous Poutine. C'est toute la perversité des services secrets : plus le climat est mauvais, plus ils en profitent car on leur donne davantage de moyens. Vers la fin des années 1980, Jean-Marie Le Pen avait été reçu par des dirigeants soviétiques. Quand je m'en étais étonné auprès de mes supérieurs au KGB, ils m'avaient répondu : « Tu ne comprends rien ! Un homme politique qui pose des problèmes dans un pays de l'OTAN est toujours un allié pour nous, quel que soit son positionnement politique. » C'est pour cette raison que le KGB a longtemps financé tous les mouvements contestataires d'Occident, même lorsque ceux-ci étaient anticommunistes. Tout le monde s'y retrouvait. Un personnage comme Jean-Marie Le Pen n'avait aucun cas de conscience à rencontrer des membres du Comité central quand il venait chez nous. Tout anticommuniste qu'il était, s'il pouvait être appuyé ou financé par l'URSS, il ne se gênait pas.

*Durant votre période d'activité, quelle était votre vision du service de l'autre ?*

S. J. : Lorsque j'avais été envoyé en France, le Centre m'avait dit : « Le contre-espionnage français a déjà suffisamment à faire avec les islamistes, les gauchistes ou les néonazis, et les Renseignements généraux passent l'essentiel de leur temps à surveiller les formations d'opposition. Alors ne t'inquiète pas trop, les espions russes sont loin d'être leur priorité… » Même si nous étions dans leur viseur, les services français disposaient de moyens limités et n'avaient pas ceux de surveiller en permanence tous les officiers sous couverture. Le contre-espionnage français n'a jamais démasqué aucun illégal du KGB et sa seule et éclatante réussite, en 1981-1984, n'était pas le fruit de son travail mais d'une trahison de Vetrov. Cela ne signifiait pas pour autant que nous pensions que tout nous était permis. Le Centre nous apprenait à respecter l'adversaire. En mission à l'étranger, il ne fallait jamais considérer les hommes du contre-espionnage comme des moins que rien. Même si nous étions dans des camps opposés, nous n'oublions pas qu'ils faisaient le même boulot que nous. Notre intérêt était de faire en sorte qu'ils minimisent notre rôle ou qu'ils nous prennent pour des incompétents. C'était la meilleure façon pour qu'ils nous laissent tranquilles. Dès notre formation, il nous était inculqué que nous étions face à des êtres humains et non face à des machines. Cela signifiait que, si l'on s'amusait à les humilier, la riposte viendrait obligatoirement. Il était même encouragé de faciliter la vie des hommes du contre-espionnage, notamment en ne cherchant pas à les semer lors des filatures. Lors des fêtes de Noël, certains espions soviétiques en poste à l'étranger mettaient une bouteille de vodka sur leur palier pour les membres du contre-espionnage qui les surveillaient. Ce principe était d'autant plus ancré dans mon esprit que j'avais expérimenté pareille attitude au cours de ma formation à l'Institut Andropov. Lors d'une simulation de filature, avec de vrais membres du KGB qui me filochaient, j'avais d'abord utilisé les astuces traditionnelles : repérer les suiveurs en jetant un œil dans le reflet d'une devanture ou utiliser des « points de contrôle ». Il était très difficile de surprendre ceux qui vous filaient car ils connaissent eux aussi toutes les techniques. J'y suis quand même arrivé. Je suis entré dans un magasin, dont la vitrine donnait sur une cour intérieure. Quelques instants plus tard, j'ai vu par la vitre toute la brigade de filature qui débarquait dans cette petite cour. J'ai eu alors tout le loisir de l'observer avec minutie pour décrire physiquement ses membres dans mon rapport, comme l'exigeait l'exercice. En sortant du magasin, j'ai cependant commis une faute : je n'ai pu m'empêcher d'éclater de rire à la barbe de mes suiveurs. Ceux-ci ont très mal pris ce qui était à leurs yeux une insolence et ont rendu un rapport très défavorable à mon encontre, livrant une version biaisée de la filature. J'ai été convoqué par mon supérieur à qui j'ai expliqué la réalité les faits. Il m'a répondu : « Tu dois comprendre qu'ils ne t'en veulent pas pour les avoir mis dans une situation difficile mais parce que tu les as humiliés en rigolant. » J'ai donc reçu une note négative pour l'exercice malgré mon succès, mais j'ai retenu la leçon.

F. W. : Au sein de la DGSE, nous parlions très peu des services adverses en termes d'« ennemis ». Nous étions en concurrence mais cela n'allait pas plus loin. Opérant à l'étranger, je n'étais pas directement concerné pas la présence du KGB en France. Je ne pense d'ailleurs pas qu'il existait une crainte particulière dans ce domaine. Des histoires circulaient à propos d'officiers traitants du KGB qui avaient tellement bien travaillé dans d'autres pays qu'ils étaient envoyés en poste en France en guise de récompense. Ils avaient désormais pour seule mission la recherche de renseignement ouvert, sans avoir à intégrer une structure. Ils se contentaient donc d'acheter des revues scientifiques et d'en faire des comptes rendus. La rumeur était qu'ils étaient nombreux dans ce cas mais je n'ai jamais su si c'était vrai. La centrale nous mettait tout de même en garde contre le KGB et nous savions qu'il nous surveillait sans doute dans nos activités à l'étranger. Ses agents devaient être discrets car je n'avais jamais vu un Russe de ma vie avant ma rencontre avec Sergueï.

S. J. : Au KGB, nos vrais ennemis étaient les Américains et l'OTAN, pas la DGSE. Je n'irais pas jusqu'à dire qu'ils étaient des « amis », mais nous les considérions comme une sorte de petits frères de troisième division *(rires)*. Dans les années 1970, entre 600 et 700 personnels diplomatiques travaillaient pour les services soviétiques rien qu'à Paris, alors qu'à Moscou le Quai d'Orsay ne disposait que de 70 personnels. Et je ne compte même pas nos agents ! Pourtant, la France avait l'habitude d'estimer qu'elle appartenait à la cour des grands avec les États-Unis, l'URSS et la Chine. C'était un peu exagéré… Je ne veux pas être méprisant mais nous étions bien plus préoccupés par les 17 agences d'espionnage des États-Unis que par les services français. La France n'était même pas au cœur de notre action en Europe de l'Ouest, au contraire de l'Allemagne qui était le lieu de prédilection pour les confrontations durant la guerre froide. En raison de la présence de la frontière entre l'Est et l'Ouest, Berlin était la ville où tous les espions du monde finissaient par bien se connaître à force de se croiser. Des pays de moindre envergure comme la Suisse ou l'Autriche servaient aussi d'oasis pour le KGB en raison de leur neutralité. Nous pouvions y rencontrer des sources et des agents dans une relative tranquillité. Les services de renseignement de ces pays savaient très bien ce qui se passait sur leur sol mais ils intervenaient très peu. Leur logique était : « Tant que les grandes puissances règlent leurs problèmes entre elles, cela ne nous regarde pas. » D'autant qu'avoir autant d'espions chez eux représentait un avantage économique. Le KGB surveillait-il François lorsqu'il était en poste en Éthiopie ? L'URSS, qui considérait cette dictature communiste seulement comme « sur la voie du socialisme », envoyait sur place des médecins, des ingénieurs, des instructeurs et des conseillers en tout genre. Tous étaient évidemment des officiers ou des agents du KGB. À partir de 1977, nous avions même créé un département spécialisé dans la collaboration avec les services secrets des pays amis en voie de développement. En plus d'être surveillé par les services éthiopiens, François l'était donc aussi par le KGB. Il devait également l'être par le service de renseignement extérieur de la RDA, qui était très impliqué sur place, voire par ceux de la Roumanie et de la Tchécoslovaquie. La raison de notre importante présence en Éthiopie n'était pas le dictateur Mengistu, qui entretenait de très bonnes relations avec notre Comité central et menait une politique qui convenait à l'URSS. Si le KGB était si actif dans ce pays africain, c'était pour traiter les services occidentaux et chinois sur place. Quand François était tamponné par les services éthiopiens, c'était donc nous qui étions derrière.

*Que pouvait contenir le dossier sur François au KGB à cette époque ?*

S. J. : Le dossier qui figurait aux archives du Centre ne comprenait que les informations de base : son état civil, ses fonctions, les lieux où il s'était rendu, probablement son appartenance soupçonnée à la DGSE et la liste de toutes les personnes de son entourage. Il s'agissait des membres de sa famille mais surtout des employés de sa maison qui travaillaient tous indirectement pour nous. Dans un autre dossier sur François, gardé dans le département qui s'était penché sur son cas, figuraient de plus amples informations : son portrait psychologique, ses faiblesses et ses centres d'intérêt. Le service de contre-espionnage éthiopien détenait certainement un dossier encore plus détaillé, auquel le KGB avait accès s'il le souhaitait.

*Et qu'aurait pu contenir le dossier de Sergueï à la DGSE ?*

F. W. : Je voudrais d'abord préciser que je ne suis pas certain que le KGB sût tout sur moi car je prenais soin d'en dire le moins possible… Pour ce qui est du dossier de Sergueï, au-delà de sa fiche signalétique de base, il y aurait eu les comptes rendus des contacts que nos OT ou nos agents auraient eus avec lui ainsi que les éléments d'information dont nous disposions sur ses goûts et des indications sur son profil psychologique. Il pouvait également y avoir des éléments factuels qui peuvent paraître anodins, comme la façon dont son bureau est décoré, car les analystes étaient susceptibles d'en tirer des déductions sur sa personnalité.

S. J. : Le KGB disposait aussi de telles informations mais elles n'étaient pas notifiées dans le dossier qui figurait aux archives centrales, du fait que le service cloisonnait le renseignement. Les informations complémentaires étaient donc seulement classées dans les services qui avaient travaillé sur l'individu. Si l'on reprend l'exemple de François : en Éthiopie, chaque agent qui obtenait la moindre information sur lui la transmettait au service concerné du KGB et l'ensemble de ces éléments étaient ensuite ajoutés à son dossier. Nous finissions donc par tout savoir sur lui. Il serait d'ailleurs intéressant de demander à François si, quand il était en Éthiopie, son réel objectif n'aurait pas été d'obtenir des informations sur la présence soviétique et sur le KGB ?

F. W. : Non, pas du tout… Je ressentais la présence soviétique sur place mais ce n'était pas sur ce sujet que je devais travailler. Je devais davantage obtenir du renseignement politique pour savoir combien de temps la dictature de Mengistu allait encore tenir. Je pouvais tout de même recueillir ponctuellement des informations sur le pillage soviétique des ressources minières éthiopiennes mais j'évoquais très peu le KGB dans mes comptes rendus à la centrale. L'Éthiopie n'était pas un véritable enjeu géopolitique pour la France, notre présence là-bas était plutôt une tête de pont vis-à-vis de la Libye car nous avions des visées sur la bande d'Aozou, qui contenait des minerais stratégiques.

S. J. : Il est décevant que ce ne soit pas pour en savoir davantage à notre sujet : cela signifie que la DGSE n'avait pas beaucoup d'ambition *(sourire)*. Mais cela m'étonne un peu. Des informations sur Mengistu étaient intéressantes mais sans plus, il suffisait de lire les rapports des vrais diplomates français pour constater qu'il s'agissait d'un dictateur sanguinaire qui verrouillait son pays. Tout le monde savait que Mengistu resterait au pouvoir tant qu'il aurait l'URSS derrière lui, il n'y avait pas besoin d'un OT sur place pour le découvrir. C'est d'ailleurs ce qui s'est passé : dès que les Soviétiques l'ont lâché, il a été renversé. En tant qu'officier du KGB, si on m'avait demandé la raison de la présence d'un OT de la DGSE sur place, j'aurais évidemment répondu qu'il essayait de recruter des gens de chez nous. J'aurais pensé la même chose pour la période où François était en poste au Pakistan, d'autant qu'il s'agissait alors d'une base arrière de ce qui se passait en Afghanistan. Mais comme je le répète souvent : la présence française répond toujours à des impératifs économiques pragmatiques. C'est sans doute une des raisons pour lesquelles le KGB et la DGSE étaient plus souvent concurrents qu'adversaires. Nous avions très peu de confrontations directes sur le terrain car nous ne travaillions pas dans le même dessein. À nos yeux, la DGSE était un service qui obéissait presque seulement à une logique de pillage économique et technologique. La DST nous posait davantage de problèmes car elle se montrait assez compétente dans le contre-espionnage. Quand nos officiers travaillaient sur le terrain en France, ils ne croisaient jamais la DGSE, qui opérait à l'étranger, mais avaient souvent affaire à la DST ou à l'antenne parisienne de la CIA. Les seuls pays où nous pouvions être confrontés à la DGSE étaient en Afrique, surtout dans les anciennes colonies françaises. L'URSS menait par exemple une importante coopération avec l'Algérie, qui était très mal vue par les autorités françaises. Le KGB pouvait aussi être en concurrence avec la DGSE sur le territoire des États-Unis, où nous faisions la même chose. Car, en plus de l'action idéologique, le KGB se livrait également à de l'espionnage industriel sur le sol américain, comme la plupart des autres services étrangers. Quand un État était plus développé que les autres industriellement, tous les pays entreprenaient de voler ses secrets techniques. L'URSS était très active dans ce domaine aussi.

*Et, de son côté, l'URSS ne craignait pas qu'un service comme la DGSE vole ses propres secrets industriels ?*

S. J. : Pas vraiment. Quand le KGB opérait aux États-Unis, en France, en Allemagne, au Japon ou dans n'importe quel pays avancé technologiquement, il volait des secrets qui permettaient à l'URSS de les copier pour faire avancer ses propres programmes nationaux. Cela faisait parfois gagner jusqu'à dix ou quinze ans de recherche. En payant modiquement des agents, nous obtenions des résultats pour lesquels certains pays avaient investi des millions. Toute la production industrielle soviétique, des voitures aux avions en passant par les fusées, avait ainsi été réalisée à partir de copies de la recherche occidentale. L'URSS a, par exemple, pillé l'Allemagne quant à sa technologie après la Seconde Guerre mondiale. Nous n'étions pas les seuls dans ce cas : les États-Unis et la Grande-Bretagne ont fait exactement la même chose. Comme nous ne faisions quasiment que copier, les Occidentaux n'avaient donc pas grand-chose à voler dans nos recherches industrielles. En revanche, leurs services de renseignement surveillaient avec une grande attention notre niveau de développement. La DGSE pouvait par exemple rechercher des informations sur l'avancée réelle de notre industrie militaire pour démêler le vrai du faux. Car, à l'époque, la propagande soviétique fonctionnait à plein régime dans ce domaine. Le mythe de l'URSS triomphante s'était en partie bâti sur des prouesses techniques, comme le *Spoutnik* ou le premier homme envoyé dans l'espace. Derrière ce mythe, nous ne disposions en réalité que de machines fabriquées pour peu cher. Notre seul talent était de savoir faire de grandes choses avec peu de moyens.

*Quelle était votre vision exacte des services américains ?*

S. J. : Les États-Unis représentaient non seulement un ennemi idéologique, mais aussi un ennemi opérationnel. Des services comme la CIA travaillaient contre nous dans près de la moitié de leurs opérations à l'étranger, tout comme le FBI sur le sol américain. Pour les officiers du KGB, partir aux États-Unis était donc bien plus prestigieux que d'être envoyé en France. Des pays non alignés comme l'Inde se révélaient aussi très intéressants pour tamponner des Américains. Pour obtenir du renseignement, il fallait des sources les mieux placées possible. Or, comme il était difficile de les recruter directement sur le sol américain, du fait que nous avions face à nous le FBI avec d'énormes moyens, mieux valait opérer sur d'autres territoires.

F. W. : Pour nous, les Américains étaient des alliés de la France au niveau géopolitique. Mais, pour ce qui est de la recherche technologique, nous les considérions un peu moins comme des amis… Comme nous étions en guerre économique permanente, notre présence aux États-Unis répondait à des enjeux industriels dans des domaines précis. Tout pays, ami ou ennemi, demeure un rival en termes de recherche. Dès lors qu'il travaille sur les mêmes objectifs que nos propres chercheurs, notre service se devait de connaître précisément l'état de leurs avancées. Dans des domaines comme l'astronomie, tous les résultats des recherches sont rendus publics afin qu'ils profitent à tous. Mais, dans les secteurs industriels, il n'y a pas de partage des connaissances qui tienne. La seule règle en vigueur est le chacun-pour-soi.

*En dehors de vos propres entités, quels sont les services étrangers que vous jugiez les plus performants ?*

F. W. : Les services américains et britanniques, bien sûr, mais aussi le Mossad israélien. À son niveau, le Vatican était également très actif. Le grand public n'imagine pas à quel point une institution religieuse peut se transformer en géant du renseignement tant elle est présente partout dans le monde. Lorsque j'étais en poste en Éthiopie, j'ai moi-même utilisé comme agents des moines d'un ordre religieux. Ils se sont avérés être d'excellentes sources, même si c'était souvent de manière inconsciente. J'étais aussi en très bons termes avec le nonce apostolique.

S. J. : Sur les performances des services, je citerais les Américains en premier, puis les Britanniques et les Israéliens. Les Chinois pouvaient se révéler très casse-pieds lorsque nous étions chez eux mais ils étaient beaucoup moins efficaces à l'extérieur. Je confirme que le Vatican dispose d'un excellent service de renseignement. Partout dans le monde, ses prêtres jouent un rôle d'agent d'influence. Dans la hiérarchie du KGB, le Vatican était même classé dans les cinq premiers services de renseignement au monde. Le renseignement ouest-allemand était à l'époque chapeauté par la CIA, au point que nous ne le considérions pas comme un service à part entière. Il était compétent mais sous tutelle. Il y avait aussi des services que nous ne jugions pas très performants mais qui pouvaient se montrer sans pitié sur leur territoire, comme ceux de l'Iran, du Pakistan ou de l'Arabie Saoudite. Dans de tels pays, la sorte de *gentlemen's agreement* que nous avions avec les services occidentaux et israéliens n'existait pas. Nous avions beau être ennemis, le KGB et la CIA respectaient quelques règles tacites comme le fait de ne pas assassiner les officiers traitants du camp d'en face. Les dictatures d'Afrique ou du Moyen-Orient, elles, se permettaient tout. Un OT pouvait être attaqué dans la rue par des hommes du service ou même par des fous que le gouvernement ne maîtrisait pas. François a connu des situations similaires au Pakistan avec des islamistes. La guerre froide, c'était la guerre des services de renseignement. Tout le monde avait compris que nous n'avions rien à gagner à embraser les hostilités. Il s'agissait d'un jeu d'échecs entre les grandes puissances, les réactions sanguines n'avaient pas lieu d'être. Avant guerre, du temps de Staline, c'était autre chose : il pouvait y avoir des exécutions, des empoisonnements ou des enlèvements à l'étranger. Mais cette époque était révolue. Nous savions donc à quoi nous attendre avec les Occidentaux mais nous craignions les petits pays qui n'avaient aucune vision stratégique et dont les services locaux étaient capables de n'importe quoi. Les entités de contre-espionnage ou de sécurité intérieure des pays d'Amérique du Sud, dont plusieurs étaient conseillés par d'anciens nazis, pouvaient également se montrer sanguinaires. C'était le cas du Chili, de l'Argentine, de l'Uruguay, du Paraguay ou de la Bolivie. Dans de tels pays, la vie humaine avait bien peu de valeur.

*Et que pensez-vous des services des autres pays de l'Est ?*

F. W. : En France, les services est-allemands nous préoccupaient beaucoup. Les officiers du renseignement français étaient souvent pétris par une détestation du communisme et la RDA était trop proche de nous géographiquement pour qu'elle ne nous inquiète pas. D'autant que nous étions souvent en contact direct avec eux sur le terrain dans la zone d'occupation française de l'Allemagne de l'Ouest. Et puis, dans l'inconscient collectif, les Allemands étaient encore perçus comme des nazis, même ceux qui étaient désormais communistes. Ils demeuraient donc nos ennemis héréditaires.

S. J. : Le KGB avait ses représentations officielles auprès des services secrets des « pays frères ». Souvent, il s'agissait d'une sinécure pour les grands généraux, qui n'avaient plus de perspective d'évolution de carrière. Officiellement, le KGB ne travaillait pas contre les homologues dans ces pays, et *vice versa*. Même si elle était officieuse, une forme de concurrence pouvait exister entre le KGB et certains de ses homologues des « pays frères ». Les services les plus développés étaient ceux de la RDA. L'URSS était plutôt satisfaite de l'efficacité est-allemande, sauf quand les services de la RDA menaient des opérations sans nous en parler au préalable. Même si le terme fait un peu « cliché », la RDA pouvait compter sur l'« efficacité allemande » de ses officiers, et la proximité géographique avec la RFA faisait du pays un point stratégique. Sans oublier l'essentiel : les espions de la RDA parlaient la même langue que les Allemands de l'Ouest, les Autrichiens ou les Suisses. Ils pouvaient donc plus facilement s'infiltrer partout en se faisant passer pour des ressortissants d'un pays occidental. Il suffisait de corriger l'accent et leur vocabulaire communiste. C'est pour cette raison que le service des illégaux de la RDA était si performant, au point que le KGB faisait souvent appel à lui. D'autant qu'il existait une importante diaspora allemande aux États-Unis et en Amérique latine. Outre la RDA, les services de Roumanie, Tchécoslovaquie ou Bulgarie avaient chacun leurs spécificités. Ils étaient bons dans ce qu'ils faisaient, ils pouvaient même réussir certaines opérations que nous ne parvenions pas à mener malgré nos moyens très supérieurs aux leurs. Certains de ces services ont connu des réussites que nous leur avions enviées mais nous parvenions tout de même à récupérer toutes les informations qu'ils obtenaient.

*Jusqu'à quel point était-il possible de coopérer avec un service étranger ?*

F. W. : Quand j'étais en poste au Pakistan, j'entretenais de bonnes relations avec le représentant de l'ISI[1]. Nous pouvions discuter entre gentlemen mais nos échanges d'informations se limitaient à des éléments sans intérêt. Cela n'allait jamais plus loin qu'une sorte de tolérance de bon voisinage. Au cours de ma carrière à la DGSE, j'ai été instructeur pendant trois ans. Dans ce cadre, j'ai été envoyé pour des stages de formation au Sénégal et en Tunisie. Le Sénégal faisait partie du pré carré français, notre gouvernement lui fournissait donc un important soutien logistique. Avec deux autres instructeurs, j'ai formé une vingtaine d'officiers sénégalais de leurs services spéciaux aux rudiments de la filature et aux techniques élémentaires du renseignement. Ce contenu basique semblait leur suffire. Nous avons fait de même en Tunisie mais en étant davantage surveillés. Tous les matins, une voiture des services spéciaux tunisiens venait nous chercher à l'hôtel pour nous amener dans des locaux à l'extérieur de la capitale. Contrairement au Sénégal, où les rapports étaient amicaux, les relations avec les Tunisiens étaient plus complexes. Nous ne pouvions aller nulle part sans être sans cesse escortés par des « chaperons ».

S. J. : Les relations entre les services dépendent en grande partie des impératifs de l'époque. Des services adverses ont collaboré durant la Seconde Guerre mondiale contre les nazis, comme ils collaborent aujourd'hui face aux groupes terroristes islamistes internationaux, les trafics ou le crime

1. Inter-Services Intelligence, le plus important des services de renseignement pakistanais.

organisé. Dès qu'il existe un ennemi commun, les services savent travailler en bonne intelligence. Mais leurs collaborations sont à l'image des relations entre certains fauves : on peut agir en meute s'il le faut mais on ne s'aime pas pour autant. Quand les Américains menaient une opération sur le sol français, les services hexagonaux étaient contraints de les tolérer mais ce n'était jamais de gaieté de cœur. Un homme des services de renseignement ne sera jamais ami avec un homologue étranger. On se tolère, mais dès que l'on peut se faire un coup foireux on ne se gêne pas.

# 7. Les hommes derrière les espions

*Votre entourage avait-il une connaissance précise de votre profession lorsque vous étiez en activité ?*

F. W. : Quand j'ai rejoint le service, je n'en ai informé que mon épouse. Personne d'autre. Toutes mes autres connaissances, y compris ma propre famille, pensaient que je faisais toujours partie de l'armée régulière. Je prétendais que je travaillais dans un service de l'état-major, sans donner davantage de précisions. Lorsque j'évoquais mon travail avec des amis, j'inventais quelques anecdotes tirées de mon expérience passée en régiment. Je n'aurais de toute façon pas pu mentir à mon épouse du fait que, lorsqu'elle m'accompagnait à l'étranger pour des missions longue durée, elle devait elle-même suivre une courte formation à la centrale. À cette exception près, la discrétion était une nécessité. Lors des missions sous couverture, se méfier des Français que l'on fréquentait dans un cadre privé était un réflexe. Il ne fallait rien leur révéler de nos véritables activités car ils étaient les premiers à se vanter de connaître un membre des services spéciaux. Certaines personnes de mon entourage avaient des doutes mais je n'ai jamais rien confirmé. Des décennies plus tard, l'écriture de mon livre a été un exutoire. Quand j'ai publié mon autobiographie, je me suis senti comme libéré. J'avais longtemps vécu avec le sentiment de cacher ma véritable nature et désormais tout le monde savait qui j'étais vraiment. Jusqu'à ce moment-là, je m'interdisais de faire référence à mes anciennes fonctions. Cela avait engendré chez moi une forme de frustration. J'avais exercé un métier exceptionnel et je ne pouvais rien en dire. Beaucoup de gens que je connaissais ont été étonnés en découvrant la vérité. Le regard sur moi est devenu différent. Certains se demandent même : « Comment fait-il pour paraître aussi normal après avoir été espion ? » Il y a peu de temps, à la sortie de la messe, une jeune femme de ma commune a tiré mon livre de son sac en me disant qu'elle était en train de le lire. Cela fait drôle : pendant une grande partie de ma vie j'avais caché mes fonctions aux gens que je connaissais et désormais même des inconnus savaient tout.

S. J. : Les membres de nos familles savaient que nous étions au KGB mais nous ne devions leur donner aucun détail sur nos activités. Dès le début de ma formation, j'en avais informé mes parents et ma sœur, mais le reste de mon entourage ignorait ce que je faisais. Quand je rentrais chez moi le week-end et que je voyais des amis, j'utilisais ma légende du moment selon laquelle je travaillais dans un institut de recherche. Je disposais même de faux papiers en ce sens. J'ai donc très vite été habitué à mener une double vie. Dans mon cas, cela a même été une triple vie durant une période car j'avais été récupéré par les services des illégaux au moment où je suivais la formation des espions légaux du KGB. Je ne devais donc rien dire à l'Institut Andropov de mes liens avec cet autre département. Lorsque je suivais des stages avec les illégaux, je prétextais une maladie ou un déplacement pour une urgence familiale auprès de la direction de l'Institut. Je comprends la frustration évoquée par François. Pourquoi ressentions-nous l'envie de parler de notre travail ? Justement parce que c'était interdit. Dans nos services, nous étions conscients de jouer un petit rôle dans l'échiquier géopolitique mondial. Cela était flatteur pour l'ego mais nous ne pouvions le faire savoir à personne, d'où la frustration. Même nos médailles ne pouvaient pas être portées en public. François aime insister sur le côté théâtral de nos professions. La vérité, c'est que nous étions des acteurs que personne n'applaudissait à la fin de leurs prestations. Certains épisodes pouvaient se révéler plus douloureux. Dans le service des illégaux, j'ai reçu l'interdiction de fréquenter ma fiancée. Longtemps après, j'ai compris qu'il s'agissait d'un simple test de la direction pour éprouver ma capacité à obéir. Cela a été une cassure dans ma vie privée, j'ai eu beaucoup de mal à me projeter dans une vie familiale par la suite. Avoir une famille représentait un soutien pour ne pas perdre la tête mais pouvait aussi être un poids car nous avions peur pour elle. Mon célibat était donc une forme de protection car je n'avais pas de proches dont je devais me soucier ou sur lesquels on pouvait faire pression. Pour moi, c'était plus facile de vivre de cette façon. Quand j'étais en France, dès que je rencontrais une jeune femme avec qui je pouvais avoir une liaison je la soupçonnais d'être un agent du contre-espionnage français ou des services soviétiques. Je ne pouvais donc jamais vivre une véritable histoire d'amour tellement j'étais parano. J'étais également préoccupé par le regard que portaient sur moi les Français avec lesquels j'étais en contact. J'ignorais s'ils me soupçonnaient d'être un espion du KGB, cela me travaillait beaucoup. Paradoxalement, j'étais frustré de ne pas faire l'objet de filatures car cela signifiait à mes yeux que je n'étais pas pris au sérieux par le contre-espionnage. La première fois où je me suis rendu compte que j'étais suivi lors d'un retour sur le sol soviétique, j'ai été comme rassuré : cela signifiait que tout était normal. Un espion qui n'est pas surveillé n'est pas vraiment un espion ! Je me demande encore pourquoi je n'ai jamais aperçu de filature quand j'opérais en France : soit la DST était trop discrète pour que je la remarque, soit je ne présentais aucun intérêt pour elle. Cette question me travaille encore aujourd'hui.

F. W. : Dans mon cas, ma profession n'a jamais été un obstacle dans mes relations privées. J'évitais juste de parler de mon métier en privilégiant d'autres sujets de conversation. Les gens que je fréquentais ne savaient pas ce que je faisais vraiment mais nous avions des relations tout à fait normales. À leurs yeux, j'étais un militaire, sans plus de précisions. En dehors de mon épouse, le seul qui savait ce que je faisais était mon frère jumeau, à qui je ne cachais rien. Ou plutôt presque rien, car, s'il connaissait ma profession, il n'avait aucune idée de mes activités. Est-ce qu'il me posait des questions ? Non. Il existait un accord tacite qui faisait que nous n'abordions pas le sujet.

*Avez-vous été choqué par certains aspects de votre profession ?*

F. W. : Je n'ai jamais été choqué mais en de très rares occasions certaines directives m'ont déplu. Lors de l'une de mes missions, il m'a été demandé de surveiller une personne de nationalité française. J'en avais été gêné car notre service n'avait pas vocation à espionner nos compatriotes. C'était un ambassadeur qui voulait que j'ouvre une lettre de l'un de ses conseillers à propos de qui il avait un doute. J'ai demandé à mon opérateur radio de le faire à ma place et je n'y ai plus repensé par la suite. De toute façon, si l'on a des problèmes de moralité, mieux vaut ne pas entrer dans le service.

S. J. : Je suis très agacé quand je vois des films avec un policier ou un militaire qui tue un individu et qui se met à pleurer sous le poids de la contrition. C'est vraiment n'importe quoi ! Personne dans nos professions ne passe des années rongé par la culpabilité de ses actes. Nous sommes des militaires, nous avons des armes pour nous en servir et nous avons signé pour ça. Ceux qui ont des états d'âme se sont trompés de métier. Ceux qui pleurnichent sur leur sort n'ont rien compris. Entrer dans un service de renseignement ressemble au serment que l'on prête en intégrant la mafia. La seule différence, c'est que ce n'est pas un parrain mais votre officier supérieur qui vous dit : « Tu peux tuer, tu peux violer, tu peux mentir à tout le monde sauf à moi. À moi tu devras toujours dire la vérité car tu m'as juré loyauté. »

F. W. : Je dirais la même chose. La seule loyauté qui compte est celle que l'on a envers le service. Nous pouvions faire tout ce que nous voulions sauf mentir à la centrale. À moins que ce ne soit par omission.

*Avez-vous ressenti de la peur à certaines occasions ?*

F. W. : Je n'avais pas une vision aventureuse des missions sous couverture à l'étranger. En étudiant les comptes rendus que je recevais à la centrale, j'avais une idée très précise du travail qui m'attendait lorsque je serai envoyé sur place. J'ai tout de même ressenti une certaine angoisse au quotidien. Au bout d'un moment, on n'y prête presque plus attention. C'est d'ailleurs un risque car on peut réduire sa vigilance. Le plus compliqué est de ne jamais se sentir libre. Il faut se méfier de tout le monde, faire attention à tout ce que l'on fait. Nous savions que nous étions surveillés par des indics un peu partout. On ne les voyait pas mais on ressentait en permanence leur présence. Dès que je quittais l'Éthiopie pour amener la valise diplomatique au Kenya, j'avais le sentiment d'être en vacances. Même pour un jour ou deux, quitter un pays dictatorial sous surveillance permanente me donnait l'impression d'une véritable bouffée d'oxygène. Le sentiment de liberté était décuplé quand je rentrais en France avec ma famille pour de courts séjours. Dès que nous montions dans l'avion de la Lufthansa, nous avions déjà le sentiment d'être en Europe. Nous n'arrêtions pas de sourire, c'était fabuleux ! Mais je n'étais pas non plus névrosé. Mes seuls anxiolytiques étaient ma femme et mes enfants.

S. J. : C'est pour cela que le KGB exigeait que les officiers sous couverture partent à l'étranger avec leur famille. Mais cela ne suffisait pas toujours. Au KGB, on se soignait aussi à la vodka. Beaucoup d'officiers avaient un problème d'alcool mais difficile de savoir si c'était dû au métier ou à la tradition russe. Au KGB, la maladie professionnelle la plus fréquente était la cirrhose. Un élément n'arrangeait rien : lorsque l'on est sous couverture diplomatique, on est amené à participer à de nombreux cocktails. Et dans des pays asiatiques ou africains, il est dangereux de boire de l'eau…

F. W. : Ce n'est pas faux. Quand j'étais en Éthiopie, j'ai eu un problème de goutte à force de boire trop de whisky au quotidien. Je n'étais pas le seul : nombre d'expatriés se réfugiaient dans la boisson de façon plus ou moins consciente. Même dans les pays où c'était interdit, comme le Pakistan, l'alcool coulait à flots dans certains milieux. Dans les réceptions officielles, il n'était pas rare de voir des hommes en uniforme et des femmes en robe de gala qui titubaient. Dans ces ambiances enivrées, des diplomates se laissaient souvent aller à des confidences. J'avais appris à ne pas tout prendre pour argent comptant du fait qu'un individu sous l'emprise de l'alcool raconte souvent n'importe quoi.

*Vous craigniez pour votre famille ?*

F. W. : Bien sûr, c'était une idée qui ne me quittait pas. À l'étranger, mes enfants n'allaient jamais seuls à l'école, le plus souvent je les déposais moi-même en voiture. Leur établissement, comme le lycée français d'Addis-Abeba, disposait d'importantes mesures de sécurité. En Éthiopie, nombre de nos déplacements s'effectuaient sous escorte d'hommes armés de la sécurité intérieure. Des gardes privés surveillaient également notre domicile. Je me disais parfois que mes enfants pouvaient ramasser quelque chose de dangereux qui avait atterri dans notre jardin. Je n'étais sécurisé que lorsque j'étais avec eux. En Éthiopie, une bombe a explosé près de chez nous. Toutes les vitres des maisons du quartier avaient volé en éclats. Notre résidence, protégée par un mur de 2 mètres, avait été épargnée. J'apprendrai plus tard que la détonation avait été provoquée par une mauvaise manipulation d'un attaché-case bourré d'explosif par trois hommes de nationalité libyenne. Des témoins ont affirmé avoir vu ces individus se quereller en s'arrachant la mallette des mains, ce qui aurait déclenché involontairement le détonateur. Ces individus avaient été partiellement déchiquetés par l'explosion, au point que la jambe de l'un d'eux a été retrouvée en haut d'un arbre. Je n'ai jamais su si cette bombe m'était destinée. La centrale m'avait demandé de ne pas pousser mes investigations, pour ma propre sécurité. Une autre fois, une personne non identifiée avait sonné chez moi et avait remis à mon gardien deux belles salades vertes à mon intention. Dans un pays comme l'Éthiopie, pareils légumes valaient une fortune. N'ayant aucune idée de qui pouvait m'avoir fait ce cadeau, je m'étais montré méfiant. J'ai préféré donner les salades aux lapins que nous avions achetés pour les enfants. Le lendemain, les bêtes étaient mortes. Un OT se méfiait toujours des cadeaux, surtout anonymes. Je me souviens qu'un bouquet piégé offert à l'épouse d'un secrétaire d'ambassade au Moyen-Orient avait provoqué la mort d'une personne en explosant. Tout au long de ma carrière, j'ai rarement ressenti des menaces directes, seulement de manière diffuse. Je faisais évidemment très attention : j'empruntais des chemins différents chaque fois que je me rendais à l'ambassade pour éviter un guet-apens.

S. J. : Au KGB, les jeunes officiers de renseignement étaient souvent envoyés pour leurs premières missions dans des pays dangereux de moindre intérêt. Un peu comme les jeunes profs sont placés par l'Éducation nationale dans des départements difficiles lors de leurs affectations initiales. Plus un officier du KGB progressait dans sa carrière, plus il avait de chance d'être en poste dans des pays comme les États-Unis ou le Japon. Mais même dans les destinations à risque, nos OT étaient moins exposés que François. Il ne faut pas oublier la différence d'échelle entre le KGB et la DGSE. Quand François indique que, lors de sa mission sous couverture en Éthiopie, il était le seul du service avec un opérateur radio, au même moment le KGB disposait d'un effectif d'au moins une trentaine de personnes dans le pays. Pour ma part, je n'ai jamais mis les pieds dans des pays aussi risqués que ceux où s'est rendu François. Je n'ai donc pas ressenti le même type de menace. En France, même si j'étais pris la main dans le sac, je savais qu'au pire je serais placé dans une cellule à part avec un relatif confort et que je n'aurais pas à subir le quotidien carcéral du tout-venant. Je ne risquais pas non plus de subir des menaces physiques comme il en existait en Éthiopie ou au Pakistan, des pays où vous pouviez vous faire poignarder par un dingue au coin de la rue. Ce qui travaillait la tête était donc davantage le secret que le danger. Le secret pèse lourd. Ne pas pouvoir se confier ou avoir l'obligation de se souvenir à chaque instant de tous les détails de sa légende demande un important travail sur soi. L'adrénaline permet de ne pas penser au danger. Tant que l'on est dans le feu de l'action, on ressent très peu la peur. Il ne faut d'ailleurs pas oublier que les OT ont aussi été sélectionnés en fonction de leur résistance mentale. Tous ceux qui se révélaient trop sensibles au stress étaient écartés.

*Évoluer sous une fausse identité pouvait-il avoir des conséquences sur votre santé mentale ?*

F. W. : Non, je ne souffrais ni d'insomnie ni de dépression. On m'a souvent demandé si ma profession ne rendait pas schizophrène mais je n'ai jamais eu le sentiment de l'être. Comme j'avais de jeunes enfants, et qu'il était hors de question que je leur transmette mon angoisse, je n'avais d'autre choix que de m'aguerrir. Il ne faut pas oublier que maîtriser sa peur faisait partie intégrante de notre formation. Les psys que nous voyions régulièrement avaient pour mission de vérifier si nous en étions toujours capables. Il était normal de prendre des précautions mais pas de vivre dans la crainte. C'était la même chose quand j'effectuais des missions ponctuelles sous légende : je devais être sur mes gardes sans céder à ma peur. Il m'est tout de même arrivé en une ou deux circonstances de subir un gros coup de stress. Une fois, lors d'une mission de courte durée aux États-Unis, je me suis aperçu que j'étais suivi par une voiture de police alors que je roulais sur l'autoroute. Quand le véhicule arriva à ma hauteur, l'officier de police me fit signe de m'arrêter sur le bord de la chaussée. Il me demanda ensuite de couper le moteur et lui de présenter mes papiers d'identité. M'imaginant que j'avais été repéré, j'ai senti la sueur couler le long de mon dos. En réalité, j'avais seulement dépassé les 60 miles à l'heure autorisés et j'en fus quitte pour une amende. D'une certaine façon, cet épisode m'a rassuré : durant les quelques minutes où j'ai cru être démasqué, j'avais tout de même réussi à conserver une apparence de calme. Il m'est aussi arrivé une autre fois de trop boire lors d'une mission. Et ça n'a pas loupé : j'ai manqué de peu de me trahir ! J'étais sorti en boîte de nuit et j'avais consommé un peu plus que la dose autorisée avant de rentrer très tard à mon hôtel. Le lendemain matin à la réception, avec une bonne gueule de bois, j'ai commis l'erreur de signer un traveller chèque sous mon vrai nom à la place de mon pseudonyme. Je me suis aperçu à temps de ma bévue et j'ai fait mine d'avoir involontairement déchiré le chèque. J'en ai refait un autre et l'employé de l'hôtel n'y a vu que du feu. Une autre fois, alors que je prenais l'avion aux États-Unis sous une fausse identité, l'hôtesse de l'aéroport m'a appelé au micro sous mon nom d'emprunt. Je me suis attendu au pire, alors qu'il s'agissait seulement d'un changement de correspondance. C'est épuisant de travailler sous légende car on vit en permanence avec la menace de se faire démasquer. Mais c'est davantage une fatigue qu'une peur. Il faut savoir jouer son rôle; si l'on échoue, c'est que l'on est mauvais. J'ai connu une autre forme de stress le jour où j'ai dû transporter une mallette avec une très importante somme d'argent en liquide lors d'une opération en France. Nous avions organisé une rencontre dans un grand hôtel parisien avec un ingénieur étranger, qui possédait des informations très pointues sur les moteurs d'avions à réaction. J'avais participé à la rencontre avec un analyste spécialisé dans ce domaine. J'avais sur moi un paquet de cigarettes dans lequel était dissimulé un appareil photo, que je devais manipuler régulièrement. Chaque fois, je craignais que notre interlocuteur ne s'en aperçoive. Non seulement il n'a rien vu mais il a même pris mon paquet dans la main pour me prendre une cigarette sans déceler le mécanisme. Lors d'une opération de ce type, on est toujours sur un fil. À la fin, j'ai été très heureux que tout se déroule sans accroc mais l'analyste qui était avec moi s'est, de son côté, montré assez déçu des infos que nous avions récoltées. L'ingénieur est d'ailleurs reparti sans être payé et j'ai dû rentrer en métro avec la mallette pleine de billets. Pour préparer le rendez-vous, le service avait percé le mur à l'hôtel pour que nos spécialistes installent des caméras dans la chambre d'à côté. Les directeurs des grands hôtels parisiens étaient souvent d'« honorables correspondants » qui nous laissaient faire ce que nous voulions. Tout le monde savait qu'il ne fallait jamais placer des documents importants dans les coffres d'un grand hôtel car les services spéciaux y avaient accès.

S. J. : Notre cerveau s'habitue à conserver un cloisonnement entre notre vie privée et notre vie secrète. Notre métier ne provoquait donc chez nous ni troubles du comportement ni état dépressif. Nous menions une vie normale, même si notre profession ne l'était pas. Notre survie professionnelle dépendait justement de notre capacité à maintenir une existence la plus équilibrée possible. Nous avions un métier dont nous ne parlions à personne, sinon tout allait bien... La première chose que l'on nous apprend en formation, c'est de ne rien faire sur le terrain qui pourrait attirer l'attention. L'exemple qui est toujours donné par les instructeurs est d'ailleurs de respecter rigoureusement le Code de la route. Je salue l'honnêteté de François qui admet avoir violé une règle de base de la sécurité d'un OT *(rire)*. Je comprends aussi complètement sa réaction quand l'hôtesse a appelé son nom à l'aéroport. Dans ces situations, on a le sentiment d'être nu comme un ver. J'ai ressenti cela quand j'étais au KGB sous pseudonyme alors que je passais à la télévision soviétique avec mon véritable nom qui s'affichait à l'écran. Dans nos métiers, vous restez sain d'esprit tant que vous comprenez que vous jouez un rôle. Si vous perdez cette notion et que vous confondez votre rôle avec ce que vous êtes, vous devenez fou. Notre paranoïa partait d'une réalité car nous étions tous surveillés, mais nous l'alimentions aussi nous-mêmes. Nous avions tellement été formatés pour être un officier traitant à l'étranger, que nous reproduisions spontanément toutes les techniques dans notre quotidien. Pour pallier l'ennui, nous faisions l'espion à la moindre occasion, même lorsque cela n'avait aucun intérêt. C'était comme une forme de compensation psychologique pour donner un sens à notre existence. Si nous ne jouions pas aux espions, cela signifiait que nous n'étions que des fonctionnaires comme les autres avec des boulots de gratte-papier. Il fallait un moyen de nous rappeler sans cesse que nous faisions partie de l'élite de l'élite. C'est pour cela que je continuais à jouer à l'espion, même quand j'étais en vacances : j'observais les gens autour de moi comme dans un jeu de rôles. Une fois que l'on devient espion, on le reste en permanence.

*Que pensez-vous de l'écart qui existe entre la réalité de votre ancienne profession et les fantasmes que le grand public projette sur elle ?*

S. J. : Chaque fois que je suis interrogé par des journalistes, ceux-ci semblent déçus que je ne leur raconte pas des anecdotes croustillantes sur mes anciennes activités. Mais l'existence d'un espion n'a rien de commun avec ce que l'on voit dans les films ou les romans d'espionnage, sauf chez les grands maîtres du genre comme Frederick Forsythe ou John Le Carré. Notre métier consistait à obtenir des informations, rien de plus. Tout ce que nous faisons, toutes les procédures que nous appliquons, tendait vers cet unique objectif. Le cœur de notre production se limitait finalement à rédiger des fiches d'une ou deux pages qui avaient vocation à être lues par nos instances politiques. Le jour où l'une de mes fiches est remontée jusqu'à Gorbatchev, je l'ai vécu comme une consécration. Cette fiche avait été paraphée au dos par Youri Boldine, le directeur de cabinet du Président, ce qui signifiait qu'elle avait été transmise au chef de l'État. Quand elle est revenue au service avec la signature, j'ai eu le sentiment très fort de servir à quelque chose. Ce fut comme une plénitude. Le grand public aurait du mal à concevoir que le sommet d'une carrière d'un espion n'est pas de tirer à la kalachnikov ou de sauter d'un immeuble, mais seulement de voir une petite fiche rédigée de sa main revenir avec une signature du secrétaire général du Parti, du chef de l'État ou de leur staff. Et encore : la plupart du temps, un OT n'avait même pas de retour sur ce qu'il transmettait car le plus souvent son info était ajoutée à un rapport général rédigé par le service d'analyse, mélangée avec d'autres et noyée dans la masse. J'avais eu ce privilège grâce à mon statut très particulier d'illégal du Centre, qui m'offrait une liaison directe avec le chef de mon service et même les grands patrons du service d'espionnage. C'était aussi grisant que de marcher sur la Lune !

F. W. : À la DGSE, nos fiches passaient d'abord entre les mains des analystes de la centrale avant d'être transmises aux responsables politiques. Les informations que nous obtenions pouvaient ainsi être diluées avant d'être transmises aux responsables politiques, mais il y avait quand même une fierté d'avoir recueilli du renseignement qui puisse être utile à notre pays. Et puis, c'était une fierté en soi d'appartenir aux services spéciaux. C'était comme faire partie d'une caste à laquelle peu de gens avaient accès.

*Quelles ont été vos plus mauvaises expériences ?*

S. J. : Dans les premières années que j'ai passées au Centre à l'issue de ma formation, l'ambiance entre OT n'était pas toujours bonne. Beaucoup se bouffaient le nez. Heureusement que nos armes étaient enfermées dans des coffres-forts, sinon on aurait sans doute compté les cadavres dans les bureaux ! Le secrétaire de la cellule du Parti de mon département dans la direction « S », un lieutenant-colonel, m'avait pris en grippe et manquait rarement une occasion de me le faire sentir. Ne supportant plus les petites humiliations dont il me gratifiait, j'ai fini par me venger. Il faut savoir qu'au KGB il existait souvent un écart entre les règles administratives officielles et les pratiques réelles. Par exemple : lorsque l'on empruntait un document classé « secret », nous devions systématiquement utiliser un registre. Si nous prêtions ce document à un collègue, celui-ci était censé signer ce registre en stipulant la date et l'heure auxquelles il avait pris possession du document. Dans la réalité, nous ne le faisions jamais, sinon nous aurions passé notre temps à remplir des formulaires. Au lieu de respecter le règlement à la lettre, nous nous contentions de refiler les documents aux collègues qui en avaient besoin et ils nous les ramenaient quand ils avaient fini. Un jour, l'officier qui m'avait dans le nez m'avait apporté un dossier pour que je travaille dessus sans rien me faire signer. Lorsqu'il est revenu me le réclamer, je lui ai répondu le plus tranquillement du monde : « De quel document tu me parles ? Tu ne m'as rien donné… La preuve : il n'y a pas ma signature dans le registre. » Il est devenu livide ! Étant donné que le dossier était sous sa responsabilité, et comme il n'avait ni témoins ni preuves, c'était lui qui serait accusé en cas de disparition. Il risquait non seulement d'être renvoyé du KGB mais aussi d'être condamné à de la prison car les documents qui disparaissaient pouvaient très bien avoir été récupérés par des services étrangers. Je l'ai laissé s'angoisser durant trois heures avant de le lui rendre. Il a compris la leçon et ne m'a plus jamais posé de problème. Je n'étais pas fier de moi quant à la méthode mais je n'avais pas d'autre choix face à cette forme de harcèlement moral. J'avais d'ailleurs été plutôt gentil : si j'avais fait disparaître le document dans les toilettes, ce lieutenant-colonel serait passé en cour martiale.

F. W. : Vivre au Pakistan fut loin d'être une expérience de tout repos. Avec le déclenchement de la première guerre du Golfe, en février 1991, la tension est devenue palpable au quotidien. À Islamabad ou Karachi, une majorité de Pakistanais épousaient la cause de Saddam Hussein et considéraient n'importe quel Occidental comme un « croisé ». La haine était viscérale contre les Américains, mais aussi contre les Français qui étaient leurs alliés. L'ensemble de notre personnel diplomatique vivait dans la crainte d'un attentat ou qu'un extrémiste poignarde un chrétien dans la rue. Le bâtiment de l'ambassade a été muré avec des sacs de sable. Nous étions sans cesse sur le qui-vive. J'ai changé mes enfants d'école pour les placer dans un établissement plus sécurisé. J'ai aussi modifié la plaque d'immatriculation de ma voiture. Chaque soir, je surveillais avec une extrême précaution la fermeture de ma maison. Pour la première fois, je portais en permanence mon pistolet sur moi. La majeure partie du pays était devenue une poudrière. Les régions tribales étaient même des zones de non-droit dirigées par des milices. Les Occidentaux qui s'y aventuraient avaient de grandes chances d'être tués. Un OT ne devait jamais aller dans les zones inconnues de tels pays. En Éthiopie, la centrale m'a, un jour, demandé de me rendre à près de 500 kilomètres d'Addis-Abeba afin de récupérer des morceaux de métal d'un hélicoptère soviétique qui s'était écrasé. J'ai tout de suite été convaincu qu'il s'agissait d'une requête impossible du fait qu'aucune route ne menait à cet endroit et j'étais dans l'impossibilité de me défaire de la surveillance des services éthiopiens. J'étais assez en colère car cela signifiait que mes supérieurs ne connaissaient absolument pas le terrain s'ils me confiaient une telle mission. J'ai donc répondu à la centrale que je ne pouvais pas y aller. En temps normal, je faisais tout pour obéir aux ordres mais cette fois je n'ai même pas essayé.

La centrale a compris mon point de vue et aucun reproche ne m'a été fait.

*Avez-vous des remords et des regrets à propos de votre carrière dans les services spéciaux ?*

S. J. : Comme pour n'importe quelle existence, il nous arrive d'avoir des regrets. Mais quand on y réfléchit, en fin de compte ce sont nos expériences qui ont fait ce que nous sommes aujourd'hui. Cela ne sert à rien de se morfondre car il n'est de toute façon pas possible de revenir en arrière. Je me dis parfois que j'aurais préféré être en fonction aujourd'hui car le matériel technique actuel offre des possibilités inimaginables à l'époque où j'opérais au KGB. Mais je n'aurais alors pas vécu de l'intérieur une période aussi riche historiquement que la fin de la guerre froide. Chaque époque a ses avantages et ses inconvénients. Est-ce que je regrette d'avoir fait le choix de l'exil qui m'a coupé de ma famille ? Malgré la douleur, je ne le regrette pas. J'ai pris une décision et je dois en assumer les conséquences. Pour mes parents, il était plus rassurant de me savoir loin d'eux en sûreté dans un pays de droit plutôt que pourrissant à proximité dans une prison du régime poutinien.

J'ai tout de même quelques remords sur ce que j'ai commis. Quand on participe à des actions méprisables, c'est plus facile de le faire contre des personnes méprisables. Manipuler ou faire liquider un homme qui bat sa femme et viole sa fille évite d'avoir des cas de conscience. Mais s'en prendre à une personne sympathique dont la seule faute était d'occuper une fonction qui intéresse mon service est une autre affaire. Entre 1989 et 1991, le service voulait que je trouve une Française à épouser pour acquérir la nationalité. J'avais des blocages que je ne comprenais pas à l'époque. Aujourd'hui, je pense qu'il s'agissait d'un réflexe inconscient : je me refusais d'entraîner ces filles si gentilles dans une existence de mensonge. Elles ne voyaient en moi qu'un jeune homme avec qui elles avaient envie de vivre une aventure amoureuse, elles ne savaient pas dans quoi elles s'embarquaient. Il en est de même pour l'adolescent des Jeunesses communistes qui m'avait confié vouloir travailler pour le KGB lors de mon premier déplacement en France. Si le service l'a finalement récupéré, cela signifie que c'est moi qui l'ai poussé vers une existence malhonnête qui pourrait se révéler dangereuse. À cette période, je n'aurais eu aucun problème moral à le recruter. Je n'aurais pas hésité à lui donner rendez-vous et je l'aurais fait venir en URSS.

F. W. : Je pense la même chose. Au cours de mes fonctions sur le terrain, je n'ai jamais considéré l'aspect moral de mes actions. En pleine opération, on ne juge pas le fond de ce que l'on fait. Notre réflexion se limite à savoir si l'on a bien tout mis en œuvre pour assurer notre sécurité et celles de nos agents. Rien de plus. On se moque de la nature équivoque de notre relation avec les sources ou de la dimension immorale de la manipulation. On ne pense pas à la situation extrêmement délicate dans laquelle l'agent a été mis par son OT. La seule chose qui compte, c'est le résultat. Des années plus tard, quand je pense aux manipulations que j'ai commises dans l'état d'esprit que je viens de décrire, il peut m'arriver de ressentir un léger sentiment de malaise. Cette sensation est assez rare mais elle resurgit parfois de manière fugitive. Jouer avec la faiblesse des sentiments humains pour récupérer des documents confidentiels est en soi condamnable. Le rôle d'un officier traitant est de tromper les autres, d'utiliser leurs faiblesses, de les compromettre, de les écouter à leur insu, de les prendre en filature, de les manipuler et de les pousser à trahir. Pour cela, l'OT doit s'affranchir de presque toutes les barrières morales. Travailler à la DGSE signifie ne pas s'embarrasser ni de la loi ni de l'éthique. À quoi se résumait notre fonction ? À pousser des individus qui n'avaient rien demandé à trahir leur pays et leur employeur par tous les moyens imaginables. S'il fallait payer, nous le faisions. S'il fallait mettre une femme dans le lit d'un fonctionnaire, nous le faisions. Si nous devions faire croire à quelqu'un qu'il servait une cause juste alors qu'il ne servait que notre intérêt, nous le faisions aussi. Et tout cela sans s'encombrer de scrupules. Malgré ma foi catholique, je ne me suis jamais confessé sur ce que j'ai fait dans le cadre de mon métier. Je mettais l'intérêt de l'État au-dessus de ma personne. Nous devions nous montrer dignes de la mission qui nous avait été confiée. Même si ce que nous faisions pouvait être moralement condamnable, nous étions emplis de fierté d'exercer notre profession. Alors oui, j'ai aimé mon métier, même si des remords peuvent survenir des années plus tard.

*Une fois que vous aviez quitté vos fonctions, vous est-il arrivé d'avoir encore le sentiment d'être surveillé ?*

F. W. : Pas vraiment, mais j'ai conservé certains réflexes, sans doute par nostalgie. Dans la rue, il m'arrive souvent d'observer les badauds comme je le faisais à l'époque où j'étais en fonction. Quand j'avais des réunions en tant que maire de ma commune, je ne pouvais m'empêcher d'analyser l'attitude de la personne qui prenait la parole. Il y a tout de même eu une fois où j'ai eu un contact qui pourrait venir de mon ancien service. Lorsque j'ai publié mon premier livre, j'ai reçu un appel d'un interlocuteur anonyme qui m'a fait savoir que j'avais trop parlé à propos d'un pays en particulier. Il m'a été rappelé qu'en quittant la DGSE j'avais signé un contrat de confidentialité, que j'avais complètement oublié. En prenant la parole publiquement sur mon ancienne carrière, je n'ai pas le sentiment de trahir mon service. Cela ne me pose pas de problème d'évoquer des thématiques générales, d'autant que plusieurs anciens responsables de la DGSE l'ont fait avant moi. Les dirigeants du service s'octroient la liberté de parler mais ils n'apprécient guère que les OT fassent de même. À tel point que, lorsque j'avais publié mon livre précédent, dans un premier temps la centrale avait tenté de faire croire qu'elle ne me connaissait pas et que j'étais un imposteur, avant de faire machine arrière quand l'éditeur leur a présenté les preuves de mon ancienne appartenance au service. J'ai déjà lu des livres dans lesquels s'exprimaient plusieurs officiers traitants, mais ils le faisaient sous pseudos. Pour moi, cela manque un peu de courage. Des journalistes ont également publié des documents secrets du service sans avoir de problèmes. Je n'ai donc pas le sentiment de dépasser les limites. Je pense même que cela est important de faire connaître notre service si l'on ne sort pas d'un certain cadre. La grande majorité des anciens de la DGSE préfèrent ne rien dire sur leur ancien métier. Nous conservons très rarement des relations entre nous. Il existe une association, l'Amicale des anciens des services spéciaux de la Défense nationale, pour laquelle j'acquitte une cotisation et dont je reçois le bulletin, mais je n'ai jamais participé à une quelconque réunion. Je connais peu de gens qui ont démissionné de la DGSE, à une exception près : un OT qui s'est plu dans la fonction de sa légende et qui a quitté le service pour vivre pleinement sa nouvelle existence. Les autres restent jusqu'à ce qu'ils aient atteint l'âge de la retraite puis, le plus souvent, coupent tous les ponts avec le service.

S. J. : Ma situation actuelle de réfugié recherché par les services russes me donne souvent la sensation d'être encore sur le terrain, ce qui me permet de conserver ma dose d'adrénaline. J'ai les preuves que des services de renseignement continuent à me surveiller en douce, et pas seulement les Russes ou les Français. Mes blogs, mes profiles sur les réseaux sociaux et mes sites Internet sont régulièrement visités par toutes les agences du monde, qui ne s'en cachent même pas. Quand on entre dans un tel univers, on accepte les règles du jeu. Mais il vous reste très peu d'éléments objectifs qui vous permettent de conserver les pieds sur terre une fois que vous avez quitté le service. Au bout d'un moment, on commence à se poser des questions et à douter de ce que l'on a vécu. On peut même en arriver à se demander si l'on a rêvé ou si l'on n'est pas fou. Lorsque j'évoque désormais mes années au KGB, cela ressemble presque à une thérapie chez un psy.

F. W. : Depuis le début de nos échanges, je suis impressionné par le nombre de points communs que je partage avec Sergueï. C'est tout de même incroyable, tant de similitudes. En l'écoutant, j'ai la conviction que les hommes de notre profession acquièrent la même façon de penser, qu'ils soient russes ou français. Nous avons beau avoir été formés des deux côtés du rideau de fer, nous n'en sommes pas moins sortis du même moule.

S. J. : Je partage ce sentiment. C'est vrai que depuis le début de notre dialogue nous ressemblons davantage à des frères d'armes qu'à des représentants de deux camps opposés. Après m'être réfugié en France, en tant qu'ancien espion j'ai eu des débriefings avec la DST puis la DGSI. Curieusement, j'ai ressenti envers ces hommes du contre-espionnage français le même sentiment qu'envers François : je les considérais plus comme des collègues que comme d'anciens adversaires. Idéologies mises à part, il n'existe aucun antagonisme professionnel et humain entre nous. Nous exercions presque le même métier, et le fait que nous étions dans des camps opposés ne crée aucune forme de ressentiment. Cela n'empêche pas de regarder les choses en face : si j'avais été en fonction en Éthiopie en même temps que François, j'aurais participé à sa surveillance et j'aurais même pu monter un coup tordu contre lui. Aussi sympathique soit-il, je n'aurais pas hésité un seul instant. Et cela aurait été certainement la même chose de son côté.

## 8. Le monde a-t-il encore besoin d'espions ?

*Pensez-vous que le monde actuel pourrait se passer de services de renseignement ?*

S. J. : J'ai énormément évolué sur cette question au fil du temps. Tant que l'on est dans le feu de l'action, l'existence des services de renseignement n'est jamais remise en cause. J'ai fait partie d'une entité d'espionnage qui était aussi une police politique au service de l'idéologie communiste. Comme je l'ai déjà mentionné, j'étais pétri de doutes sur le sens de ce que je faisais et j'ai vite été critique vis-à-vis du communisme. Dès mon premier séjour en France, j'ai pu constater à quel point le décalage était grand entre la façon dont le pouvoir soviétique présentait les pays de l'Ouest et la réalité. Il nous avait été enseigné que les capitalistes ne vivaient que pour détruire le communisme, alors qu'en France l'immense majorité de la population ne se levait jamais le matin en pensant à l'URSS. J'ai aussi été frustré que le renseignement que je faisais remonter au Centre n'avait, la plupart du temps, pas l'écho que j'espérais. Puis l'URSS s'est dissoute, le PCUS a été interdit et le KGB démantelé. Nos dirigeants nous ont annoncé que la guerre froide était officiellement terminée et que notre camp l'avait perdue. Cela signifiait que tout ce en quoi nous avions cru pendant plus de soixante-dix ans — la raison d'être du service et l'ensemble des principes de l'idéologie marxiste — n'était plus bon qu'à être jeté à la poubelle.

Tous ceux qui avaient risqué leur vie ou été emprisonnés au nom du communisme l'avaient fait pour rien. Nous avions passé notre temps à violer l'État de droit et l'ensemble des conventions internationales pour finalement perdre la bataille. En entrant au KGB, nous avions tous signé un engagement selon lequel nous jurions de défendre le régime jusqu'à notre mort. Pourtant, quand ce régime s'est effondré, personne au KGB n'a pris les armes pour le sauver. Parmi les 420 000 membres du service, aucun n'a levé le petit doigt pour tenir son engagement. Vladimir Poutine, qui était alors officier supérieur dans la réserve active à Leningrad, n'est pas non plus allé chercher son pistolet de service pour tirer sur les démocrates capitalistes et défendre les idéaux communistes. Il a, lui aussi, trahi son serment solennel. Cela pose donc une double question : si nous nous sommes si facilement reniés, avons-nous vraiment cru au combat que nous menions ?

Tout pays qui se respecte a-t-il vraiment besoin d'un service de renseignement, comme cela est souvent répété par les experts en géopolitique ? Face à l'islamisme radical, ou à n'importe quel mouvement qui chercherait à détruire les fondements de notre civilisation, il est, bien sûr, nécessaire d'infiltrer et de neutraliser des groupes terroristes. Mais pour le reste ? À l'époque où nous étions en fonction, François et moi, lorsque Internet et les technologies numériques n'existaient pas, nous avions besoin d'obtenir du renseignement à travers l'espionnage. Nous passions donc beaucoup de notre temps à voler des annuaires dans les ministères des Affaires étrangères ou des modes d'emploi dans des entreprises. Aujourd'hui, il suffit d'un clic sur le Web pour avoir accès à l'ensemble des informations que ces documents contenaient. Avec tout le renseignement qui circule sur le Web, avec tous les gens reliés par les réseaux sociaux à travers le monde, avec tous les expatriés, avec tous les journalistes que l'on peut lire sur les sites, a-t-on encore besoin d'un service de renseignement à l'ancienne ? La réponse me semble évidente : non !

F. W. : Sur ce point, je suis en désaccord avec Sergueï : je pense que nous ne pourrons jamais nous passer du renseignement humain. Les informations que nous obtenons par ce biais sont les plus authentiques et les plus réalistes. Le travail de terrain ne pourra jamais être remplacé par la technique et l'électronique. Même les diplomates en fonction ne pouvaient recueillir les mêmes éléments que les officiers traitants. Ils se contentaient de transmettre du renseignement ouvert, sans jamais chercher à découvrir l'envers du décor. Les vrais diplomates passent la plupart de leur temps dans les cocktails, or ce n'est pas là que se trouve la réalité d'un pays. Les OT vont plus loin, ce qui donne à leur renseignement bien plus de valeur.

S. J. : Vraiment ? Si je voulais faire un peu de provoc, je demanderais à François s'il est convaincu de ce qu'il dit ou s'il le prétend seulement pour justifier ce qu'il faisait à la DGSE. Qu'est-ce qui permet d'affirmer que le renseignement obtenu par les diplomates n'est pas aussi intéressant que celui qu'il recueillait lorsqu'il était en fonction ? Un authentique diplomate n'est-il pas aujourd'hui en mesure d'obtenir les mêmes informations qu'un officier traitant sous couverture ? Lui aussi rencontre des acteurs politiques du pays où il se trouve et transmet des comptes rendus à son gouvernement. La seule différence, c'est qu'un vrai diplomate ne donne jamais de rendez-vous secrets à ses interlocuteurs, mais à l'arrivée obtient-il réellement moins d'infos qu'un OT ? Je pense que non. Pis : je crois que c'était déjà le cas à notre époque. Mais il fallait jouer le jeu et faire comme si tout était secret, sinon cela aurait été la preuve que nous ne servions à rien. Pour comprendre que le secret n'existe pas, il suffit de sortir du rôle que l'on nous demandait de jouer et de prendre du recul. Ce n'est pas facile car cela implique de reconnaître que nous avions vécu dans une forme d'illusion.

F. W. : Je ne peux pas te laisser dire ça, Sergueï. Le renseignement qu'obtient un officier traitant dépend des contacts qu'il s'est faits sur place. Ce n'est pas la même chose d'échanger avec des responsables en fonction ou d'anciens ministres locaux qui sont désormais en marge du pouvoir, par exemple. Ceux qui ne sont plus en poste ont une vision des choses et une liberté de parole beaucoup plus larges. L'information que l'on recueille sera donc bien plus réaliste que celle des circuits officiels entre diplomates. La perspective d'un monde sans service de renseignement me paraît peu probable. Un pays n'avance sur le plan technologique que s'il possède des infos sur ce que font ses voisins. Pour cela, les sources doivent provenir des laboratoires ou des services de recherche. Le renseignement économique est au moins aussi important que le renseignement politique, car il engage la survie d'un État. Nous sommes *en guerre permanente*, comme disait Clausewitz, mais cette guerre est avant tout économique. Il ne s'agit pas d'une simple formule mais d'une réalité concrète. Dans le cadre de l'intelligence économique, le renseignement s'avère central. Il permet à un pays d'obtenir des informations techniques pour accélérer ses propres recherches. Le renseignement peut aussi s'avérer très utile pour déterminer la politique économique d'un pays, en sachant à l'avance si un autre État va dévaluer sa monnaie, par exemple. C'est pour cette raison que l'ensemble des pays se livrent à de l'espionnage. De ce type de renseignement dépend la création de richesse, découlent les emplois. Pour prospérer, un État se doit de posséder des secteurs de pointe et, pour cela, il doit à tout prix empêcher les autres de le dépasser dans ses domaines de prédilection. Toute la réussite de l'industrie japonaise a été construite sur cette logique. Des délégations nippones visitaient des usines partout dans le monde sous prétexte d'accords commerciaux et copiaient les savoir-faire en prenant des photos des machines de production. Les industriels occidentaux pensaient faire de bonnes affaires mais retrouvaient peu de temps après des produits « made in Japan » similaires aux leurs mais vendus à des prix défiant toute concurrence, envahissant leurs magasins sur le sol national. Tous les pays font du renseignement, la seule différence réside dans les moyens qu'ils y mettent. Je pense avoir été utile dans ce que je faisais, surtout lorsque j'étais en poste au Pakistan. Pour le renseignement économique mais aussi pour le renseignement politique. Dans la diplomatie comme dans le commerce international, celui qui en sait plus que son interlocuteur a gagné d'avance. Le renseignement permet de préparer l'avenir.

S. J. : Parlons-en, du renseignement politique ! A-t-on besoin d'un officier traitant pour savoir que Trump est un mégalomane et que Poutine est parano ? Je pense que l'on continue à se faire du cinéma. Le service actuel de renseignement russe est quatre fois plus actif que celui de l'URSS. Pourquoi ? Parce que Poutine est un tel menteur qu'il croit que tous les autres chefs d'État travestissent la vérité autant que lui. Résultat : il donnera toujours plus de crédit à un document volé dans le bureau d'Emmanuel Macron que tout ce que lui dira Macron lui-même lors d'une rencontre officielle. Sa logique est la suivante : « Comme je lui mens pour le manipuler, il fait forcément la même chose vis-à-vis de moi. » Aux yeux du chef d'État russe, il est inconcevable qu'un responsable politique puisse chercher des relations apaisées avec ses homologues. Il est convaincu qu'un service de renseignement est l'unique canal qui peut lui fournir des informations qui ne sont pas manipulées. Si je dois dire les choses de façon brutale : l'espionnage est un gaspillage de temps, d'argent public et de l'utilisation d'une élite. Lorsque l'on est à l'intérieur, pourquoi s'en offusquer ? On est bien payé, on a le droit de contourner la loi avec la bénédiction de l'État et on mène une carrière intéressante. Mais, une fois que l'on est à l'extérieur, il suffit d'ouvrir les yeux pour constater que nous avons consacré notre vie à une profession vaine. Vu le nombre de traîtres dans les rangs du KGB, du GRU, de la CIA, du FBI, des MI5 et MI6, aucun secret ne pouvait le rester bien longtemps. Tout le monde était un transfuge potentiel. En 1985, j'avais été admis au Parti communiste par un homme du nom de Mikhaïl Boutkov qui, cinq ans plus tard, trahira notre service en Norvège avant de passer en Grande-Bretagne. Et celui qui avait confirmé mon entrée au Parti et m'avait remis ma carte, le secrétaire de l'Institut Andropov, Vladimir Pigouzov, était depuis 1974 un agent double pour la CIA. Il sera démasqué deux ans plus tard et fusillé. Le seul service d'espionnage soviétique a fourmi plus de traîtres que tous les autres ministères réunis !

Quand François est parti en poste en Éthiopie ou au Pakistan pour remplacer son prédécesseur de la DGSE, sur place tout le monde savait qui il était avant même qu'il n'atterrisse. C'était pareil de notre côté : personne n'était dupe lorsqu'un officier du KGB arrivait à Paris sous couverture diplomatique. La DST connaissait la spécialité d'un OT avant même sa prise de fonction. À quoi sert de se livrer à de l'espionnage secret si tout le monde est au courant ? Ce n'est qu'un jeu de dupes. Je vais pousser un peu plus loin la provocation... De mon côté, je vous ai dit que l'histoire avait prouvé que tout ce que le KGB avait entrepris n'avait servi à rien, puisque l'URSS et le modèle communiste s'étaient effondrés. Du côté de François, vous conviendrez que, malgré sa présence au Pakistan, il n'aurait jamais pu empêcher ce pays d'obtenir la bombe atomique, en violation flagrante de tous les traités internationaux. Ni la DGSE, ni le KGB, ni la CIA, ni aucun autre service n'auraient pu l'empêcher ! Il en est de même pour l'Inde ou Israël, qui ont eux aussi obtenu la bombe atomique. Autre exemple plus significatif concernant le Pakistan : François avait écrit dans son livre qu'il avait transmis à sa centrale une note indiquant que Benazir Bhutto courait un grand danger lorsqu'elle était à la tête du pays. Cela lui a-t-il évité de se faire assassiner ? Absolument pas !

F. W. : Sur ce point précis, je ne peux qu'être d'accord avec ce que dit Sergueï. Dans ce domaine, nous n'avons servi à rien, c'est vrai. Peut-être avons-nous tout de même ralenti certains processus. Aux yeux des fondamentalistes pakistanais, il était inenvisageable qu'une femme puisse diriger le pays. Benazir Bhutto était donc la cible de nombreux intégristes. Je l'ai écrit noir sur blanc à la centrale mais que pouvions-nous faire ? Ce n'était pas le rôle de la France de renforcer la sécurité d'un chef d'État étranger.

S. J. : L'incapacité des services de renseignement à ne pas changer le cours des choses est également vraie pour de nombreux événements historiques. Quand Staline a signé en 1939 le pacte de non-agression avec l'Allemagne, il considérait Hitler comme un partenaire, voire un allié. Pourtant ses services de renseignement n'avaient cessé de le prévenir que le Reich préparait la guerre contre l'URSS. Des espions, qui avaient en vain tenté de lui transmettre l'information, ont été fusillés car ils étaient accusés de vouloir briser l'alliance entre les deux puissances. À quoi servent nos services si le pouvoir politique ne tient pas compte dans ses décisions des renseignements qu'ils lui fournissent ? Autre question : est-on certain que l'information sur le double jeu d'Hitler n'avait pas également été relayée par des sources diplomatiques ? C'est la même chose de nos jours. Les services de renseignement ont-ils empêché le 11 septembre 2001 aux

États-Unis ou les attentats du *Bataclan* en France ? Non ! Dans leur lutte contre le terrorisme, les services secrets du monde entier peuvent se montrer efficaces face à des organisations structurées et organisées, comme l'étaient à leurs débuts Al-Qaïda et Daesh. Mais dès lors que n'importe quel individu peut commettre un attentat en se revendiquant de ces groupes, les services ne peuvent plus lutter. Contre un tel danger, même la meilleure structure de renseignement du monde ne sert à rien. Même les satellites les plus perfectionnés ne peuvent trouver des terroristes si ceux-ci se fondent dans la masse.

*Mais les services de renseignement n'ont-ils pas empêché de nombreux attentats, qui ont été déjoués grâce aux informations qu'ils avaient obtenues ?*

F. W. : Bien sûr : on sait toujours ce que les services ont raté mais on ignore tout ce qu'ils ont réussi. Le renseignement est essentiel en temps de guerre comme en temps de paix. La mission de nos services est aussi d'analyser toutes les menaces dans un contexte global. Dans un passé proche, plusieurs ministres de l'Intérieur ont successivement évoqué le nombre d'attentats qui avaient été déjoués sur le sol français par nos services. Tout cela a été certainement possible grâce aux informations obtenues par la DGSI ou la DGSE. Dans ces cas-là, comment pourrait-on dire que les services n'ont pas été utiles ? Ils sont les seuls à pouvoir s'appuyer sur des agents bien placés qui œuvrent en secret. Tout ne peut pas être dit, mais les informations viennent bien de quelque part !

S. J. : Je ne nie évidemment pas que dans ce domaine comme dans d'autres les services de renseignement peuvent obtenir des informations intéressantes. Mais la question que je pose est différente : si de tels services n'existaient pas, les mêmes informations ne seraient-elles pas obtenues par d'autres canaux ? Les instituts géopolitiques ne possèdent-ils pas des analystes tout aussi compétents que ceux de nos centrales ? La presse d'investigation du monde entier n'a-t-elle pas dénoncé davantage d'affaires secrètes que nos officiers traitants ? Wikileaks n'a-t-il pas eu plus d'impact que tous les espions du monde ? Entre la presse internationale, la presse locale et la presse spécialisée, quelles informations encore échappent au maillage ? Sans compter qu'un État peut également compter sur des remontées d'informations par de nombreux acteurs diplomatiques, consulaires, commerciaux ou culturels, mais aussi par ses expatriés qui forment des communautés très informées sur leur pays d'accueil. On pourrait dresser un parallèle : la France a-t-elle encore besoin d'une armée telle que la sienne aujourd'hui ? Aucun pays frontalier ne risque de l'envahir. Pourquoi alors vos pouvoirs publics paient-ils 100 000 militaires, dont très peu possèdent une réelle utilité pour le pays ? On en occupe une partie avec des opérations extérieures mais la plupart d'entre eux ne font que s'entraîner dans la perspective d'un conflit armé qui ne surviendra jamais. Ne suffirait-il pas de conserver seulement 50 000 hommes et les forces de frappe nucléaire ? À titre comparatif, les Allemands ne dépensent pas des milliards dans une armée improductive.

F. W. : La raison d'être de notre armée a été définie il y a longtemps : un pays libre ne peut conserver sa liberté sans une armée. Pas dans une logique offensive mais dans une logique défensive. Un pays sans armée n'est plus un pays. Même en temps de paix, nous devons pouvoir nous appuyer sur nos militaires, cela me semble une évidence. Nos forces se tiennent prêtes à défendre l'État en cas de besoin, y compris dans ses interventions extérieures. Bien évidemment, aucun de nos pays frontaliers n'est aujourd'hui susceptible de déclarer la guerre à la France. Je ne dis pas le contraire, mais nous constatons désormais que nos opérations se tiennent bien loin de nos frontières. Nos militaires vont se battre dans des contrées lointaines pour combattre le terrorisme, et certains y laissent leur vie pour sauver la nôtre. Tel est le prix de notre liberté et de notre sécurité. Tout ce que nous faisons là-bas a des conséquences bénéfiques jusque chez nous, en France mais aussi dans le reste de l'Europe.

S. J. : Un service de renseignement peut avoir une réelle utilité en temps de guerre ou lors des grandes crises, mais pas le reste du temps. Un pays comme la France, signataire de la Convention internationale sur les relations diplomatiques, doit-il continuer à violer tous ses engagements avec un service comme la DGSE qui espionne sous couverture diplomatique ? Avec de telles activités, les questions d'éthique et d'État de droit sont foulées aux pieds. Comment ensuite faire des leçons de morale aux pays qui ne respectent pas le droit international ? Dans les années 2010, le pouvoir poutinien a accusé deux Russes d'espionnage. Le premier était Igor Soutiaguine, un chercheur de l'Institut des États-Unis et du Canada auprès de l'Académie des sciences de Russie. Cet homme n'était pas un espion et il n'avait accès à aucun document secret, il se contentait d'analyser des sources ouvertes, comme la presse ou les revues spécialisées. Le service de contre-espionnage russe a pourtant lancé une procédure pénale contre lui pour divulgation de secrets d'État. Pourquoi ? Parce que, en rédigeant ses thèses à partir de ses sources ouvertes, il avait évoqué des informations que la presse avait publiées au sujet d'éléments confidentiels du FSB. Ses propres écrits sont donc devenus, comme par miracle, des « documents secrets », alors qu'il n'avait fait que recopier des articles auxquels tout le monde avait accès. Aussi ubuesque que soit cette affaire, le chercheur n'en a pas moins été condamné en justice. Un autre Russe, Grigori Pasko, lieutenant-colonel de la Marine qui était aussi lanceur d'alerte, a connu le même sort. Il avait beau récolter ses infos dans la presse locale et l'organe officiel du ministère de la Défense, il a lui aussi été poursuivi pour divulgation de secrets d'État. Quelle conclusion en tirer ? Cela ne démontre-t-il pas que les services eux-mêmes considèrent qu'un bon analyste qui ne travaille que sur des sources ouvertes peut obtenir les mêmes productions que les services secrets qui traitent des informations volées ?

La valeur des espions est désormais très faible, y compris aux yeux de leurs donneurs d'ordres. Lorsque les États-Unis ont échangé dix espions illégaux russes avec la Russie, qu'ont-ils obtenu en échange ? Quatre Russes accusés d'avoir trahi leur pays en faveur des États-Unis. Par le passé, de telles tractations permettaient aux pays protagonistes de récupérer leurs propres citoyens. Mais comme l'administration de Barack Obama n'avait aucun Américain à récupérer dans les prisons russes et qu'il fallait bien exiger quelque chose, ils ont demandé ceux-là. Davantage parce que ces citoyens russes étaient perçus par la société civile comme des dissidents victimes d'une parodie de justice que pour services rendus à l'Oncle Sam. Résultat : dix superespions illégaux ont donc été rendus à Poutine contre deux analystes de peu d'importance et deux traîtres russes, soit un supposé traître contre deux espions et demi.

Depuis que j'ai quitté le service en 1992, j'ai eu le temps de réfléchir à notre raison d'être. J'en suis arrivé à la conclusion que non seulement nous ne servons pas à grand-chose mais qu'en outre nous engendrons davantage de problèmes que nous n'en résolvons. La CIA a quasiment créé Ben Laden pour nous nuire en Afghanistan. La DGSI a voulu faire de Mohammed Merah l'un de ses indics avant qu'il ne commence son épopée meurtrière. Chaque fois, les conséquences ont été tragiques. Et le pire est que les services ont intérêt à pourrir la situation pour continuer à exister et voir leurs budgets augmenter. Ces entités sont donc même dangereuses pour la société. Nous passons notre temps à nous moquer des complotistes, mais nos services ne sont rien d'autre que des comploteurs en puissance. Toute l'histoire du renseignement est là pour le démontrer : de l'invasion de la baie des Cochons à Cuba au soutien de la CIA à Pinochet en Chili, en passant par les coups tordus du KGB sur toute la surface du globe. Certains de mes copains avec qui j'avais fait mes études sont morts en opérant dans des pays comme la Corée, Angola ou le Nicaragua. Tout ça pour quoi ? Pour rien ! Des gens comme François et moi ont pu avoir une carrière passionnante au lieu de continuer à nous ennuyer dans nos anciennes fonctions. Ce que nous avons fait a-t-il pour autant été utile à nos pays ? Non, nous n'avons servi à rien.

F. W. : Si l'on regarde la vérité en face, il faut bien admettre que nous n'avons servi à rien dans certains cas particuliers. Pour autant, je refuse d'admettre que nos services étaient globalement inutiles. Les résultats ne sont peut-être pas immédiats mais ils se font sentir dans le temps long. Nombre de renseignements obtenus par les services ont souvent évité le pire, même si toutes les catastrophes n'ont pu être empêchées. Prétendre le contraire reviendrait à dire que les ONG ne devraient pas exister car elles ne parviennent pas à supprimer la faim et la misère. Le monde serait-il plus apaisé sans services de renseignement ? Je pense que ce serait plutôt l'inverse : le monde serait bien pire que tout ce que l'on peut imaginer.

# POSTFACE

Éric Denécé
Directeur du Centre français de recherche
sur le renseignement (CF2R)

Les deux anciens officiers supérieurs des services de renseignement extérieur français et soviétique, ennemis à l'époque de la guerre froide, ont donc livré sans fard, dans cet ouvrage unique en son genre, le témoignage de leur expérience. La confrontation de leurs points de vue est riche d'enseignements, car leurs convergences comme leurs divergences permettent de mieux cerner les réalités de « l'autre plus vieux métier du monde », celui de « pécheurs d'hommes »[1].

François Waroux et Sergueï Jirnov se rejoignent d'abord pour décrire l'étonnante banalité de leur vie dans le renseignement : l'attente qui caractérise le métier, la bureaucratie inhérente aux services, les tâches administratives souvent superflues qui font perdre un temps précieux. Tous deux nous livrent une vision très réaliste et lucide de la profession, aux antipodes de la vie d'aventure que décrit le cinéma d'espionnage : peu d'action, beaucoup de routine, afin de ne

1. Rob Lewis, *Fisher of Men*, Hodder & Stoughton, 1999.

pas être détecté et de parvenir à obtenir des renseignements en passant inaperçu, une existence presque terne, à l'image des romans de Joseph Conrad, de Graham Greene ou de John le Carré. Ce que Somerset Maughan décrit si bien dans *Mr Ashenden Agent Secret* (1928) : «L'existence officielle d'Ashenden était aussi réglée et monotone que celle d'un employé de bureau de la ville. Il voyait ses espions à intervalles convenus et leur payait leur salaire. Lorsqu'il pouvait mettre la main sur une nouvelle recrue, il l'engageait, lui donnait ses instructions et l'expédiait en Allemagne. Il attendait les renseignements qui lui parvenaient et les transmettait.»

Ainsi, à l'issue de ses études à l'Institut Andropov, le centre de formation du KGB — d'une durée de trois ans... à comparer avec l'instruction des OT en France: moins d'un an! —, Jirnov passe dix-huit mois au siège, à Yasénévo, à superviser le travail d'une quinzaine d'officiers traitants opérant en Amérique centrale, alors qu'il s'était imaginé travailler à l'étranger. Il avoue s'y être morfondu et nous décrit les travers d'une organisation bureaucratique. Tout cela est très similaire à l'expérience de François Waroux en France. Sergueï Jirnov décrit également l'atmosphère paranoïaque qui caractérisait sa formation à l'Institut Andropov: utilisation de pseudonymes, méfiance à l'égard des autres stagiaires, etc. Il faut toutefois préciser que ce jugement paraît exagéré, dès lors que les règles de sécurité sont absolument indispensables dans le monde du renseignement, et cette obsession de la sécurité et la crainte constante d'être infiltré par des services adverses sont aussi une constante à la DGSE.

Les deux anciens officiers traitants se rejoignent également sur les méthodes de recrutement et de direction d'agents, les complexes relations OT/agents, les règles de la vie clandestine, la préparation des missions de longue durée mais aussi l'importance des sources ouvertes.

Concernant la manipulation des agents, les deux hommes partagent la même vision : c'est un jeu de séduction délicat par lequel l'OT doit pousser quelqu'un à trahir… et à continuer de le faire le plus longtemps possible, en exploitant les leviers « classiques » de la nature humaine (sexe, argent, ego, chantage). Tous deux reconnaissent qu'un agent est seulement un moyen d'atteindre un objectif opérationnel, quand bien même on lui donne le sentiment d'une fausse amitié. L'empathie n'est qu'une arme… Sergueï Jirnov rappelle de plus que la relation avec un agent situé à très haut niveau dans une structure adverse est rarement pérenne. Elle fonctionne généralement entre six mois et un an, guère plus. En effet, quand une source fournit des documents auxquels peu de gens ont accès, le contre-espionnage adverse identifie rapidement la fuite et finit par identifier la taupe.

François Waroux et Sergueï Jirnov ont également une réaction similaire concernant les représentations cinématographiques de l'espionnage, notamment concernant la série française à succès *Le Bureau des légendes*. François Waroux estime que, si quelques aspects de celle-ci sont crédibles, la plus grande partie du scénario est très éloignée de la réalité du renseignement. Sergueï Jirnov juge également que, si cette œuvre de fiction est une réussite comme divertissement, tout ce qui y est dit sur l'espionnage est faux. De plus, il fait remarquer que l'image qui y est donnée de l'officier du renseignement français — ainsi le personnage central de Guillaume Debailly — est négative, puisqu'il trahit son pays et son service, par amour ou par déformation professionnelle quasi pathologique, ce qui n'est guère flatteur pour la DGSE.

Mais les propos des deux hommes font également apparaître des différences majeures de moyens et de professionnalisme entre les deux services et de culture et de considération entre les deux pays — le renseignement est aristocratie en URSS et barbouzerie en France.

Les processus et critères de recrutement étaient très différents entre la petite démocratie française et l'État-parti totalitaire soviétique ; au-delà du conditionnement, l'absolue loyauté des cadres à l'idéologie était essentielle et régulièrement surveillée. Afin d'intégrer le renseignement, en URSS, c'est le KGB qui approchait lui-même ses futures recrues — comme l'a fait très longtemps le Mossad. Pas de concours ni de volontariat.

L'état d'esprit aussi était différent. En URSS, en raison de la propagande, les Soviétiques et surtout le KGB avaient développé un véritable complexe d'assiégés et se considéraient victimes de tentatives permanentes de subversion de la part de l'Occident. Mais le service bénéficiait de l'aura de « principal rempart » du communisme. Rien de tel en France, où les autorités, les élites — voire la Nation elle-même — ne s'intéressaient pas ou peu aux agissements ou/et au moral des hommes de l'ombre. En revanche, chez nous, le conditionnement psychologique n'existait pas — même si, pour des raisons de sécurité, les communistes étaient écartés du service.

Jirnov raconte par ailleurs que le KGB considérait que les Juifs ne pouvaient pas être des éléments fiables et loyaux, même s'ils avaient la nationalité soviétique. Le sionisme était considéré comme une idéologie anticommuniste, ils devaient donc être écartés ; leur proportion ne dépassa jamais 0,1 % au sein du service. De même, les homosexuels étaient bannis et les femmes étaient cantonnées à des tâches subalternes.

Mais là où les différences sont le plus marquées entre les deux services, c'est en matière de moyens et de professionnalisme. Jirnov l'illustre en révélant certaines techniques employées par le KGB, notamment le fait de placer pendant plusieurs mois, avant leur départ en poste, les futurs officiers traitants au ministère des Affaires étrangères pour que leurs collègues les croient vraiment diplomates. Rien de tel n'existait en France et les services adverses n'avaient qu'à consulter l'annuaire diplomatique pour y déceler les membres de la DGSE présents en ambassade, car leurs noms n'y figuraient pas…

L'ancien officier du KGB décrit aussi l'approche soviétique des contacts clandestins et de la contre-surveillance, nous livrant des informations sur l'état d'esprit, les règles et les techniques employés par le service soviétique, dont deux sont essentielles : ne jamais mépriser ni sous-estimer les membres du contre-espionnage adverse ; ne jamais montrer que l'on a détecté une filature et, surtout, ne jamais chercher à s'y soustraire. Par ailleurs, il explique que, par prudence extrême, le KGB n'utilisait quasiment jamais des boîtes aux lettres vivantes, afin qu'un nombre minimal d'opérateurs soit impliqué dans une mission de renseignement. Enfin, on appréciera — professionnellement parlant — le double niveau de clandestinité entourant les illégaux du KGB.

Autre point intéressant, le jugement de Sergueï Jirnov sur les services français. Il rejoint — malheureusement — le témoignage d'autres officiers du KGB s'étant exprimés sur le sujet : « Nous avions si profondément infiltré le renseignement français que nous étions clairement capables de voir à quel point cette agence était inefficace. Les Français avaient un réseau de nombreux agents à travers le monde, y compris dans des villes comme New York et Londres, mais il y avait peu de preuves que les espions français accomplissaient beaucoup de choses. Sans aucun doute, le renseignement français a été le plus faible et le plus inutile de tous les services secrets hostiles auxquels nous avons été confrontés. »[1]

Jirnov déclare que, avant son arrivée dans notre pays, le KGB lui avait expliqué que « les services français disposaient de moyens limités et n'avaient pas les moyens de surveiller en permanence tous les officiers sous couverture ». Il convient en effet de rappeler qu'il y avait plus d'opérateurs du renseignement des pays membres du Pacte de Varsovie sur notre sol — « Dans les années 1970, entre 600 et 700 personnels diplomatiques travaillaient pour les services soviétiques rien qu'à Paris » —, sans compter leurs alliés des structures clandestines du Parti communiste, que de membres de la DST, service qui compta 1 800 contre-espions au plus fort de la guerre froide. Jirnov ajoute : « Le contre-espionnage français n'a jamais démasqué aucun illégal du KGB et sa seule et éclatante réussite, en 1981-1984, n'était pas le fruit de son travail mais d'une trahison de Vetrov. »

Ses propos confirment des estimations anciennes : « Chaque fois qu'il a été possible, grâce à des transfuges notamment, de connaître l'implantation réelle du KGB en France, nous avons remarqué combien la réalité dépassait — et de loin — l'estimation que nous en faisions. En clair, nous avons toujours minimisé l'étendue et la gravité de la menace. Prenons le cas d'une affaire mettant en cause les activités du GRU à partir du cas Pavlov, datant de 1965. Nous avions alors de bonnes raisons de croire en la qualité de nos connaissances sur l'appareil de renseignement militaire soviétique en France et des sources dont il pouvait

1. Oleg Kalugin (with Fen Montaigne), *Spymaster. My 32 years in Intelligence and Espionage against the West*, London, Smith Gryphon Publisher, 1994, p. 169. Traduction de l'auteur.

disposer. Douze ans plus tard, en 1977, nous avons constaté que nos estimations de l'époque représentaient à peine vingt-cinq pour cent de la réalité. »[1]

Sergueï Jirnov rappelle par ailleurs que la France — notre orgueil dût-il en souffrir — n'était qu'une cible très secondaire du service soviétique : « [...] nos vrais ennemis étaient les Américains et l'OTAN [...]. La France n'était même pas au cœur de notre action en Europe de l'Ouest, au contraire de l'Allemagne qui était le lieu de prédilection pour les confrontations durant la guerre froide. [...] [Le KGB considérait les services français] comme une sorte de petits frères de troisième division. » Il ressort toutefois que, contrairement à certains de ses prédécesseurs, Jirnov ne méprise pas les services français.

De plus, il relativise l'omnipotence que l'Occident prêtait alors au KGB. « Notre activité extérieure était surtout concentrée dans les pays qui comptaient, comme les États-Unis, à Washington et à New York. Nous avions aussi beaucoup d'agents dans des villes qui accueillaient les principales organisations internationales, comme Genève ou Bruxelles. Mais le mythe selon lequel notre présence était importante sur l'ensemble du globe est très exagéré. [...] Nous n'avions pas besoin de placer des hommes du KGB partout car dans tous les pays qui avaient un Parti communiste nous disposions d'une cinquième colonne. La fable qui prétend que le KGB connaissait tous les secrets des pays étrangers est elle aussi très excessive. »

Jirnov conteste enfin une idée répandue selon laquelle le KGB pilotait directement les actions terroristes des groupes arabes contre l'Occident au cours des années 1970 et 1980. S'il reconnaît que son service a effectivement apporté

1. Jean-Émile Vié, *Mémoires d'un directeur des Renseignements généraux*, Albin Michel, 1988.

un soutien indirect à ces groupuscules qui frappaient en Europe, il le faisait car cela contribuait à déstabiliser les démocraties membres de l'OTAN. Mais «rien ne démontre que les membres des Brigades rouges italiennes ou de la RAF[1] allemande rencontraient un officier traitant de l'ambassade soviétique ou des illégaux du KGB. Nous ne les armions pas, ou seulement très indirectement.»

Force est de constater que le lecteur apprendra davantage, dans le présent ouvrage, au sujet du fonctionnement du KGB qu'à celui de la DGSE. D'abord parce que François Waroux reste fidèle à son devoir de réserve — mais aussi parce qu'il a déjà révélé certains aspects de sa carrière dans le renseignement dans un livre récent[2]. Ensuite, parce que Sergueï Jirnov, en délicatesse avec son ancien service et ayant trouvé refuge en France au début des années 2000, est plus naturellement enclin à faire part de certains faits ou de certaines pratiques dont le public n'a généralement pas connaissance.

D'ailleurs, Jirnov livre également des informations intéressantes sur la situation en Union soviétique et la carrière de Vladimir Poutine dans le renseignement. Il révèle que, dès les années 1970, les élites de l'URSS ne croyaient déjà plus à la révolution communiste et raconte avoir été témoin, au cours des années 1980, de la déliquescence progressive du système soviétique, les cadres et l'élite perdant la foi dans le régime. Selon lui, ce phénomène s'observait aussi à travers l'attitude des OT en poste à l'étranger, lesquels évitaient de s'exposer dans des opérations risquées afin de pouvoir continuer à profiter d'une affectation particulièrement agréable en Occident. Il apporte également des

1. *Rote Armee Fraktion* (Fraction armée rouge).
2. *James Bond n'existe pas*, Mareuil Éditions, 2017.

informations intéressantes sur l'arrivée de Gorbatchev au poste de secrétaire général du Parti communiste de l'Union soviétique (PCUS) et quant aux conséquences qu'eut sa décision de réformer un système dont il allait provoquer l'effondrement.

Concernant Vladimir Poutine — Jirnov et lui ont tous les deux appartenu à la même promotion de l'Institut Andropov —, les faits évoqués sont exacts : l'emploi de son pseudonyme de « Platov » ; le fait que l'actuel dirigeant russe était en effet commandant à cette époque, alors que tous les participants à cette formation étaient généralement capitaines, ce qui témoignait d'un certain retard dans son avancement ; le parcours relativement médiocre de l'hôte du Kremlin au sein du KGB, car il n'a jamais été affecté dans des postes prestigieux ou à l'étranger.

Les échanges entre les deux anciens officiers traitants, leur jugement et les informations qu'ils révèlent, sont donc en tout point passionnants, quand bien même ils relèvent parfois d'une perception très personnelle. Dès lors, on pardonnera les rares informations quelque peu erronées des deux anciens officiers.

En premier lieu, l'assassinat de l'opposant marocain Mehdi Ben Barka, en octobre 1965 à Paris, n'a jamais été une opération du SDECE ni impliqué aucun de ses fonctionnaires. Certaines idées fausses ont la vie dure, en dépit de la révélation, depuis les années 1990, de la réalité de l'affaire, par plusieurs sources israéliennes. Il s'agit d'une opération marocaine, réalisée avec une assistance majeure du Mossad, en remerciement de l'aide que le Maroc avait apporté au service israélien en lui permettant de placer sur écoutes une réunion de la Ligue arabe à Casablanca, en septembre 1965.

L'opération, autorisée par Meir Amit, patron du Mossad et pilotée par David Kimche, avait pour but, non de tuer Ben Barka - ce à quoi les Israéliens se refusèrent - mais à le localiser, le surveiller, l'approcher et enfin l'attirer à Paris où des barbouzes au service d'Oufkir l'enlevèrent, avec l'aide de policiers français naïfs et manipulés, le torturèrent et l'assassinèrent en présence d'Oufkir et de son adjoint. Le Mossad se chargea de la logistique clandestine de toute l'opération, fournit la planque, les véhicules et du poison, et ses hommes allèrent jusqu'à enterrer le cadavre de Ben Barka. L'affaire fut ensuite exploitée, en toute mauvaise foi, par le général de Gaulle et ses fidèles pour remettre au pas un SDECE jugé pas suffisamment inféodé au gaullisme et le purger d'éléments restés neutres lors du combat contre l'OAS à la fin de la guerre d'Algérie[1].

En second lieu, les deux hommes reproduisent une autre idée fausse sur le Vatican : si l'Église catholique dispose sans aucun doute d'un des meilleurs réseaux d'informations mondial, elle ne dispose pas *stricto sensu* d'un service de renseignement.

Sergueï Jirnov évoque à plusieurs reprises, dans son propos, la paranoïa propre au monde du renseignement, laquelle fut, selon lui, particulièrement prononcée au sein du KGB pendant la guerre froide.

Sans doute n'est-il pas ici inutile de rappeler qu'il existe deux types de paranoïa : la première est une méthode de pensée et de travail indispensable aux femmes et aux hommes du renseignement, qui évoluent dans un monde de montages complexes, de mensonges, de dissimulation et de

1. Pour plus d'informations voir Eric Denécé, « La non affaire Ben Barka », *Note Historique* n°59, mars 2021, Centre Français de Recherche sur le Renseignement, www.cf2r.org.

tromperie. Il leur faut donc systématiquement imaginer le pire afin de ne pas se laisser surprendre. La seconde forme est plus grave, c'est celle du trouble du fonctionnement mental qui se traduit par une méfiance systématique des autres, une sensation de menace permanente et un sentiment de persécution. Il est difficile de nier que la pratique du renseignement entraîne parfois le passage de l'une à l'autre.

À titre d'exemple, il est intéressant d'expliquer aux lecteurs comment un membre du contre-espionnage — encore plus paranoïaque par méthode que ses collègues de la Recherche – aborderait le cas personnel de Sergueï Jirnov.

Celui-ci présente en effet, de par son parcours, le profil parfait de l'agent de pénétration, officiellement désavoué par son État d'origine — qu'il critique ouvertement, systématiquement — afin de gagner la confiance et le crédit de son pays d'accueil. Jirnov se justifie — *a posteriori* — de son appartenance au service soviétique en estimant qu'il a été piégé par celui-ci pour être recruté dans ses rangs. Il explique qu'il a constamment essayé de s'en affranchir en multipliant ses activités parallèles — activités de conseil, interventions télévisées sous son vrai nom. Pour ceux qui connaissent le système de contrôle du KGB, les libertés qu'il est parvenu à prendre au cours de son séjour dans ce service sont très étonnantes…

Il pourrait également être considéré comme un agent d'influence, cherchant à nous faire baisser la garde lorsqu'il préconise qu'il conviendrait que l'armée française soit réduite à 50 000 hommes et que les services de renseignement — qui n'ont, selon lui, servi à rien au cours de la guerre froide — soient réduits ou supprimés, au motif que les diplomates font aussi bien et que les sources ouvertes suffisent.

Par ailleurs, sa dénonciation de la politique agressive de Poutine — « Le service actuel de renseignement russe est quatre fois plus actif que celui de l'URSS.

Pourquoi ? » — pourrait avoir pour objectif d'accroître la méfiance entre la France et la Russie. Qu'il y ait de la propagande et de l'espionnage de la part de Moscou est une réalité. Mais ne dénoncer que les actions russes — alors que certains, parmi nos « alliés » proches, sont parvenus à gagner une grande part de nos élites à leurs propres idéaux et ne cessent de porter atteinte à notre économie et à notre souveraineté par leurs actions — tendrait à faire croire que la menace ne vient que de l'Est, afin d'en dissimuler une autre.

Jirnov n'a donc pas tort. Espionnage et contre-espionnage sont souvent des jeux d'hypothèses paranoïaques et d'analyses à plusieurs degrés dans un monde de miroirs déformants…

À l'issue de leurs échanges techniques, les deux officiers sont amenés à s'interroger sur la portée de ce qu'ils ont accompli et, plus étonnant, à s'interroger sur l'utilité de leur métier : les États modernes ont-ils besoin de renseignement ? Les services ont-ils encore quelque utilité à l'ère du libre accès à l'information ?

Si François Waroux est lucide sur le rôle modeste qu'a pu jouer le service français au cours de la guerre froide, Jirnov est beaucoup plus catégorique : il considère sa profession comme « vaine », comme un « gaspillage de temps, d'argent public et de l'utilisation d'une élite ». Il déclare : « Depuis que j'ai quitté le service en 1992, j'ai eu le temps de réfléchir à notre raison d'être. J'en suis arrivé à la conclusion que non seulement nous ne servons pas à grand-chose mais qu'en outre nous engendrons davantage de problèmes que nous n'en résolvons. La CIA a quasiment créé Ben Laden pour nous nuire en Afghanistan. La DGSI a voulu faire de Mohammed Merah l'un de ses indics avant qu'il ne commence son épopée meurtrière. Chaque fois les conséquences ont été tragiques. » Certes, ses jugements sont très discutables… mais intéressants : « […] il suffit d'ouvrir les yeux pour constater que nous avons consacré notre vie à une profession vaine. Vu le nombre de traîtres dans les rangs du KGB, du GRU, de la CIA, du FBI, des MI5 et MI6, aucun secret ne pouvait le rester bien longtemps. Tout le monde était un transfuge potentiel. […] Le seul service d'espionnage soviétique a fourni plus de traîtres que tous les autres ministères réunis ! »

Nos deux officiers de renseignement, en relativisant à juste titre l'impact de leur profession sur le cours de l'histoire et les relations internationales, démontrent que le renseignement n'est ni l'arme absolue ni une science exacte et que, parce qu'il « travaill[e] sur la matière humaine », les déconvenues lors des tentatives de recrutement sont fréquentes.

Un merveilleux exemple d'échec de méthodes classiques de compromission des services de l'Est nous est donné par Romain Gary. Alors qu'il était en poste en tant que diplomate à l'ambassade de France à Sofia (1946-1947), le célèbre romancier eut une aventure avec une jeune femme qui n'éveilla guère sa virilité… Mais il ignorait que celle-ci lui avait été envoyée par le KDS[1], le service bulgare, lequel lui avait tendu un piège pour le compromettre afin de le recruter. En cette circonstance, Romain Gary est photographié sous tous les angles par les hommes du service bulgare alors que la relation charnelle n'inspire guère sa virilité et le montre peu à son avantage. Quelques jours plus tard, les hommes du KDS le contactent et lui présentent les photographies « compromettantes ». La réponse de Romain Gary est un morceau d'anthologie :

« J'ai dit aux deux types : “Écoutez, c'est épouvantable. Je suis confus.” Ils étaient contents. Il y en avait un

1. *Komitet za Darzhavna Sigurnost* (Comité pour la sécurité d'État).

qui se caressait la moustache d'un air méditatif et ne se doutait même pas que je faisais le plus gros effort de ma vie pour ne pas lui cracher dans la gueule. C'était d'ailleurs la seule fois dans ma vie où j'avais vraiment envie de cracher au visage de quelqu'un. D'habitude, j'ai énormément de respect pour le visage humain, à cause du très grand service qu'il a rendu à la peinture de la Renaissance. Finalement, le plus sévère des deux flicards me dit : "Avec un peu de bonne volonté de part et d'autre, on peut toujours arranger les choses." Je débordai de gratitude : "Formidable... Merci, merci... Tout ce que je vous demande, c'est de me donner encore une chance... Convoquez cette jeune personne ou, de préférence, une autre, un peu plus stimulante... Tenez, la fille de votre chef, le ministre de l'Intérieur, j'ai toujours eu envie de me la taper et si vous pouviez m'arranger ça... On déchire ces photos déshonorantes et on recommence. Je vous promets de faire beaucoup mieux. Je vous promets de faire glorieux, surtout si vous me permettez de mettre le drapeau tricolore dans un coin, ça m'a toujours fait un effet inouï, le drapeau tricolore ; à ces moments-là, c'est même comme ça que je suis devenu gaulliste. Nous nous réunissons gentiment et vous prenez toutes les photos que vous voudrez, sous des angles bien choisis, pour que je présente bien. Si vous ne voulez pas le faire pour moi, faites-le pour Rabelais, pour Madelon, pour Brantôme et pour Maurice Thorez." Je me souviens que ma voix tremblotait, je sentais vraiment — non, je ne plaisante pas — que je parlais pour le peuple de France, pour celui de la vigne et de la douceur de vivre. Les deux connards communistes me regardaient, comme s'ils étaient tombés sur un Antéchrist. C'est tout juste s'ils ne réclamaient pas au garçon de l'eau bénite. »[1]

1. Romain Gary, *La Nuit sera calme*, Gallimard, 1974, pp. 127-128.

Romain Gary ajoute : « Mon russe est sans accent et ça aussi, ça leur foutait une peur bleue, parce que le russe, c'était le langage du "bien" et j'étais le "mal", et des horreurs sexuelles comme celle que je leur sortais, dites en russe, ça les démoralisait complètement, c'était du blasphème. Je leur ai rendu les photos et je suis parti. Je n'ai plus jamais entendu parler de cette histoire. »[1]

Un peu plus tard, alors qu'il participe à une réunion houleuse à l'ONU avec l'ambassadeur de France dont il dépend, Romain Gary se rend aux toilettes… où une nouvelle tentative d'approche a lieu, preuve que le KDS ne renonçait jamais… ou ne tenait pas ses dossiers à jour.

« Brusquement, surgissant de nulle part, un pseudo-attaché de presse soviétique, un certain Titov — enfin, c'est le nom sur lequel il fonctionnait à l'époque — se met à pisser à côté de moi. Me voyant complètement désorienté et jugeant le moment idoine, il se penche vers moi par-dessus nos jets et me lance dans un murmure fiévreux, en russe : "Dites-moi, mon cher collègue, combien d'avions de chasse la Grande-Bretagne a-t-elle fournis à l'Allemagne fédérale ?" Ce gros toto, qui était à peu près autant attaché de presse que sa grand-mère, se livrant sur moi à une tentative d'espionnage, s'imagina sans doute qu'après ce premier pas je ne pourrais plus me dégager de ses griffes. Je lui ai répondu en russe également, et je cite, pour les connaisseurs de cette belle langue où les possibilités d'insulte sont pour ainsi dire illimitées : "Oubéraïsia k yébenoï matéri na legkom katéré." C'est intraduisible, naturellement, mais cela met en jeu sa maman, certaines parties intimes de celle-ci, un voyage à bord d'un voilier léger que je l'ai invitée à accomplir avec quelque chose de tout autre

1. *Ibid.*, p. 129.

qu'un mât planté quelque part, tout à fait ailleurs que sur le pont d'un navire. »[1]

Que le lecteur se rassure, les services de renseignement ne sont pas près de disparaître : « L'espionnage est éternel. Même si les gouvernements pouvaient s'en passer, ils s'en garderaient bien. Ils adorent ça. À supposer qu'un jour nous n'ayons plus un seul ennemi au monde, les gouvernements nous en inventeraient, ne vous inquiétez donc pas. Et puis il n'y a pas que nos ennemis à espionner. L'histoire nous enseigne que nos alliés d'aujourd'hui sont nos adversaires de demain. »[2] D'ailleurs, partout dans le monde, les services de renseignement et de sécurité n'ont jamais disposé d'autant de moyens.

Toutefois, n'oublions pas un point essentiel. La nature et la forme des menaces sont aujourd'hui totalement différentes de celles de la guerre froide. La guerre secrète contre les terroristes djihadistes n'est plus une lutte de *gentlemen* avec des règles et un certain respect de l'adversaire. Les conditions ont totalement changé et une partie de ce qui était valable lors de l'affrontement Est-Ouest s'avère aujourd'hui périmé.

---

1. *Ibid.*, p. 182.
2. John le Carré, *Le Voyageur secret* (1990).

# Annexes

*Deux passeports russes et la carte de l'ENA délivrée à l'« élève étranger » de nationalité « soviétique », Sergueï Jirnov.*

*L'unité de traducteurs militaires spécialisée en langue française au camp militaire du MGUIMO en juillet 1982. Je suis debout, au deuxième rang, troisième à gauche. Au premier rang, à gauche, Vladimir Potanine, ancien Premier vice-président du gouvernement russe et aujourd'hui milliardaire.*

*Une photo unique ! À mes côtés, le général Drozdov, le directeur du service des « illégaux ».*

*François Waroux avec sa promotion à l'École spéciale militaire de Saint-Cyr et, plus tard, sous couverture, au Pakistan.*

## PARUS CHEZ MAREUIL ÉDITIONS

*James Bond n'existe pas. Mémoires d'un officier traitant*, par François Waroux, 2017.

*Dictionnaire renseigné de l'espionnage*, Michel Guérin, 2020.

*Chef de Guerre*, Louis Saillans, 2021.

Cet ouvrage a été composé par IGS-CP
à L'Isle-d'Espagnac (16)
Achevé d'imprimer pour Mareuil Éditions en juin 2021
Dépôt légal : juin 2021